Ernst Apeltauer / Anastasia Senyildiz

Lernen in mehrsprachigen Klassen – Sprachlernbiografien nutzen

Lehrerbücherei
Grundschule

Herausgeber

Gabriele Cwik war Rektorin an einer Grundschule und pädagogische Mitarbeiterin im Ministerium für Schule und Weiterbildung des Landes Nordrhein-Westfalen. Sie ist Schulrätin in der Schulaufsicht der Stadt Essen und zuständig für Grundschulen.

Dr. Klaus Metzger ist Regierungsschulrat, zuständig für alle fachlichen Fragen der Grundschule und die zweite Phase der Lehrerausbildung für Grund- und Hauptschulen im Regierungsbezirk Schwaben/Bayern.

Autoren

Prof. Ernst Apeltauer ist Professor für Deutsch als Zweit- und Fremdsprache an der Universität Flensburg. Forschungsschwerpunkte: Erst- und Zweitsprach-erwerb, Sprachförderung in Vor- und Grundschule, interkulturelle Kommunikation (verbale und nonverbale Aspekte) sowie kontrastive Landeskunde.

Dr. Anastasia Senyildiz studierte Germanistik und Anglistik an der Universität Gorno-Altaisk (Russland) sowie an den Universitäten in Kassel und Flensburg. Sie promovierte über den Zweitspracherwerb von Kindern mit Migrations-hintergrund. Als Lehrbeauftragte der Universität Flensburg war sie auch in der Ausbildung von Grundschullehrkräften tätig. Zurzeit arbeitet sie an der Uludağ Universität in Bursa, Türkei.

Ernst Apeltauer / Anastasia Senyildiz

Lernen in mehrsprachigen Klassen – Sprachlernbiografien nutzen

Grundlagen, Perspektiven, Anregungen

Für alle Jahrgangsstufen

www.cornelsen.de

Bibliografische Information: Die Deutsche Bibliothek verzeichnet diese Publikation in der Deutschen Nationalbibliografie; detaillierte bibliografische Daten sind im Internet über http://dnb.ddb.de abrufbar.

1. Auflage 2011
© 2011 Cornelsen Verlag Scriptor GmbH & Co. KG, Berlin
Projektleitung: Gabriele Teubner-Nicolai, Berlin
Redaktion: Barbara Holzwarth, München
Herstellung: Brigitte Bredow, Regina Meiser, Berlin
Satz/Layout: fotosatz griesheim GmbH, Griesheim
Umschlaggestaltung: Claudia Adam, Darmstadt; Torsten Lemme, Berlin
Umschlagfoto: panama fotoproduktion, Dirk Krüll
Illustrationen: Klaus Pitter, Wien
Druck und Bindung: fgb · freiburger graphische betriebe
Printed in Germany
ISBN 978-3-589-05143-4

 Inhalt gedruckt auf säurefreiem Papier,
umweltschonend hergestellt aus chlorfrei gebleichten Faserstoffen.

Inhalt

Vorwort

Wer fremde Sprachen nicht kennt,
weiß nichts von seiner eigenen.   *(J. W. von Goethe)*

Wenn Sie dieses Buch in den Händen halten, dann haben oder hatten Sie bestimmt Schüler mit Migrationshintergrund in Ihrer Klasse. Vermutlich gibt es Einiges, was Sie über diese Kinder wissen möchten, zum Beispiel:

- Warum scheitern viele von ihnen im deutschen Schulsystem?
- Warum haben die Eltern nicht deutlich mehr Interesse an der Schullaufbahn ihrer Kinder?
- Könnte Wissen über familiäre Hintergründe und über Sichtweisen von Eltern und Kindern helfen, diese Schüler besser zu fördern?

Hier setzt dieses Buch an. Es möchte Innenperspektiven vermitteln: aus der Sicht einzelner Kinder, aber auch aus der Sicht ihrer Eltern. Diese Innenperspektiven wiederum werden ergänzt durch Außenperspektiven, d. h. durch die Sichtweisen betreuender Lehrerinnen und Lehrer auf das Kind und seine Familie. Das Ausleuchten familiärer Hintergründe und die Beschreibung von Erfahrungen der Schüler und Eltern sollen den Lehrkräften ein besseres Verständnis und bessere Beurteilungsmöglichkeiten eröffnen. Solches Wissen kann sich somit positiv auf den Umgang mit diesen Kindern und Eltern auswirken.

Das Buch hätte nicht entstehen können, wenn nicht eine vertrauensvolle Zusammenarbeit bestanden hätte – mit den Kindern, ihren Eltern und den betreuenden Erzieherinnen und Lehrkräften. Wir haben uns sehr gefreut, dass sie bereit waren, uns an ihren Sichtweisen und Erfahrungen teilnehmen zu lassen. Dafür wollen wir an dieser Stelle unseren Dank aussprechen. Ein großer Verdienst gebührt auch Frau Reyhan Kuyumcu, die die retrospektiven Interviews mit den türkischen Kindern und deren Eltern sowie einer der Lehrerinnen durchgeführt hat. Auch dafür sei an dieser Stelle ausdrücklich gedankt.

Einleitung

Warum sich mit Sprachlernbiografien beschäftigen?

Es gibt dafür mehrere Gründe:
Sprachlernbiografien können in Bezug auf die **Kinder** helfen,
- sie durch die Erweiterung des eigenen Wissens über lernerspezifische Voraussetzungen besser zu verstehen.
- einen besseren Zugang zu ihnen zu finden. Durch Sprachlernbiografien erhält man mehr Informationen über die Sprachlernprozesse, das Leben bzw. die Erfahrungen der Kinder sowie über ihre familiengeschichtlichen Ereignisse und Erlebnisse.
- die Zusammenarbeit mit ihnen zu verbessern. Man erfährt mehr über die Interessen und Präferenzen der Kinder sowie über ihre bevorzugten Sprachlernstrategien und kann solche Informationen für die Unterrichtsplanung, aber auch im Unterricht nutzen.

Sprachlernbiografien können in Bezug auf die **Eltern** helfen,
- Einblicke in familiäre Strukturen und in das Umfeld der Familien (Freunde, Nachbarn) zu bekommen. Dadurch kann die Zusammenarbeit und Kommunikation mit den Eltern erleichtert werden.
- Einsichten in deren Bildungsvoraussetzungen sowie Erziehungsvorstellungen zu gewinnen. Das erleichtert eine Verständigung mit ihnen (z. B. bei Beratungsgesprächen).
- falsche oder unangemessene Erwartungen auf ihrer Seite zu erkennen und in Elterngesprächen vorsichtig und sensibel zu thematisieren sowie durch Aufklärungs-/Beratungsarbeit zu modifizieren.

Sprachlernbiografien können jedoch auch in Bezug auf **eigenes pädagogisches Handeln** helfen,
- genauere Vorstellungen über die besonderen Probleme von mehrsprachigen Individuen zu entwickeln und dadurch das Einfühlungsvermögen zu verbessern.
- Perspektiven der Kinder und Eltern angemessener zu berücksichtigen.
- sich darüber zu informieren, wie eigene Handlungen/Äußerungen von Eltern und Kindern erfahren bzw. verstanden werden.
- die Wirkung eigener Urteile anhand von Aussagen oder Erzählungen der Betroffenen zu reflektieren.

- die Lernatmosphäre in der Klasse (einschließlich Konflikte und Konfliktlösungen) aus einem neuen Blickwinkel wahrzunehmen.
- Methoden sprachlicher Förderung und Vermittlung zu reflektieren und angemessener zu bewerten.

Sprachlernbiografien stellen einen Schlüssel zu einem besseren Verständnis von Schülern und Eltern dar. Sie ermöglichen eine genauere Kenntnis von Lebensverhältnissen und Lernvoraussetzungen und damit auch eine bessere Verständigung sowie eine effektivere Zusammenarbeit, sowohl mit den Kindern als auch mit ihren Eltern.

Sprachbiografien – Sprachlernbiografien

Sprachbiografien

Viele Menschen lesen gerne Biografien, weil sie am Leben berühmter Persönlichkeiten teilhaben und diese besser verstehen wollen. Biografien können auch dazu beitragen, dass Leser sich kollektives Wissen, Stereotype und Vorurteile bewusst machen und so an deren Abbau bzw. ihrer Differenzierung arbeiten. Im vorliegenden Buch wiederum wird der biografische Ansatz genutzt, um detaillierte Informationen über Schüler mit Migrationshintergrund und deren Familien zu erarbeiten.

Biografische Arbeiten über Migranten in Deutschland   Es gibt bereits einige biografische Arbeiten über Migranten in Deutschland. So untersucht SPOHN (2002) männliche (türkische) Gastarbeiter der ersten Generation sowie ihre Einstellungen und Identitäten. SCHMIDT-BERNHARDT (2008) beschreibt jugendliche Spätaussiedlerinnen, die erfolgreich die gymnasiale Oberstufe absolviert haben. HUMMRICH (2009) schildert junge Migrantinnen und ihre Bildungserfolge. KANBIÇAK (2008) wiederum beschäftigt sich mit Menschen, die versuchen, Wege aus der ausländerrechtlichen Illegalität zu finden. Und KOLLER/KOKEMOHR/RICHTER (2003) rekonstruieren die Lebensgeschichte eines 30-jährigen Kameruners, der seit einigen Jahren in Deutschland lebt und an einer Fachhochschule Ingenieurwesen studiert. In den genannten biografischen Untersuchungen werden vor allem drei Themenkomplexe behandelt: Bildung, Migration und Sprache.

Auf besonderes Interesse stoßen auch immer wieder Biografien von mehrsprachigen Schriftstellern (vgl. z. B. ELIAS CANETTI oder HUGO HAMILTON) oder Biografien wie die von EVA HOFFMAN („Lost in translation", 2002), die die speziellen Erfahrungen und Erlebnisse zwei- oder mehrsprachiger Menschen aufgreifen und zu dokumentieren versuchen. So rekonstruierte HEIN-KHATIB (2007) die Sprachbiografien der mehrsprachigen Schriftsteller PETER WEISS und GEORGES-ARTHUR GOLDSCHMIDT. Beide sind Holocaust-Überlebende: Weiss' Familie floh über Großbritannien und die Tschechoslowakei nach Schweden. Goldschmidt flüchtete zunächst nach Italien und dann nach Frankreich, wo er unter Geheimhaltung seiner deutsch-jüdischen Herkunft lebte. Beide Schriftsteller blieben in ihren Exilländern, fanden aber auf Umwegen zum Schreiben in der deutschen Sprache zurück. Vor dem Hintergrund dieser biografischen Daten werden in der o. g. Publikation ihre autobiografischen Texte über Spracherfahrungen analysiert. Interessant ist dabei, welche Bedeutungen und Funktionen mehrsprachige Schriftsteller ihren Sprachen beimessen und mit welchen sprachlichen Mitteln (Vergleiche, Metaphern) sie dies ausdrücken:

Spracherfahrungen mehrsprachiger Schriftsteller

	Peter Weiss	Georges-Arthur Goldschmidt
Erstsprache	„Wohnen in einer Sprache": Erfahrung von Resonanz, eigener sprachlicher Produktivität und Zugehörigkeit	„Erfahrungsraum Kindheitssprache", bleibt von Exilerfahrungen geprägt, deutsche Schreibsprache als „ein Geschenk des Französischen"
Sprache des Exillands	„Außerhalb einer Sprache zu sein, bedeutete Sterben." Schwedisch ist eine „Ersatzsprache".	Französisch als „Schutz und Rettung"
Mehrsprachigkeit	literarische Mehrsprachigkeit als Zeichen der Isolation und Ausdruckslosigkeit	Sprachen als unterschiedliche „Erfahrungsräume", Schreiben in einer anderen Sprache als in der des Erlebens ermöglicht Distanzierung

Diese zwei Sprachbiografien machen deutlich, welche hohe emotionale und damit auch identifikatorische Bedeutung Sprachen haben. HEIN-KHATIB dokumentiert zudem, wie unterschiedlich der Gebrauch fremder Sprachen von den beiden Schriftstellern erlebt wird. Während Weiss eher negative Gefühle nennt, vermag Goldschmidt diesen Erfahrungen u. a. positive Aspekte abzugewinnen.

Es gibt auch Arbeiten, die sich mit Sprachbiografien von Migranten in Deutschland beschäftigen. MENG (2001) führte am Institut für Deutsche Sprache in Mannheim ein verdienstvolles Projekt durch, in dem sie über

Projekt: Sprachbiografien von Spätaussiedlerfamilien

sechs Jahre lang Spätaussiedlerfamilien nach ihrer Übersiedlung in die Bundesrepublik begleitete und ihre Integrationsverläufe analysierte. So entstanden u. a. Sprachbiografien von zwei Großfamilien. Erfasst wurden vier Generationen: von den Kindern über ihre Eltern und Großeltern bis hin zu den Urgroßeltern. Zwei dieser Kinder wurden während ihrer Grundschulzeit beobachtet und sind daher für unsere Fragestellung von besonderem Interesse:

	Georg	Xenia
Einreise	Alter. 4 Jahre, 10 Monate	Alter: 5 Jahre, 9 Monate
Kindergarten	in Deutschland nicht besucht	in Deutschland nicht besucht
Einschulung	ohne Deutschkenntnisse nach 1,5 Jahren Aufenthalt	mit wenig Deutschkenntnissen nach sechs Monaten Aufenthalt
Grundschulzeit	zwei Jahre Vorbereitungsklasse für Kinder mit nichtdeutscher Muttersprache, nach der Grundschulzeit Empfehlung für die Hauptschule	zwei Jahre Vorbereitungsklasse für Kinder mit nichtdeutscher Muttersprache, nach der Grundschulzeit Empfehlung für die Hauptschule

Die Geschwister Georg und Xenia kommen vor der Einschulung aus Kasachstan nach Deutschland und verfügen zu diesem Zeitpunkt noch über keine Deutschkenntnisse. Sie besuchen zunächst eine Vorbereitungsklasse und wechseln nach der Grundschule in die Hauptschule.

MENG (2001) beschreibt, wie sich die sprachlichen Fertigkeiten der Kinder im Laufe der Zeit entwickeln und wie sich ihre sprachlichen Praktiken verändern:

	Georg	Xenia
erstes und zweites Aufenthaltsjahr	Alter: 4 Jahre, 10 Monate bis 7 Jahre **Russisch:** altersgemäß **Deutsch:** vereinzelte Wörter, versteht einfache Fragen („Name?"), zunehmende Verwendung deutscher Wörter	Alter: 5 Jahre, 9 Monate bis 8 Jahre **Russisch:** altersgemäß **Deutsch:** kurz nach der Einschulung: beginnt gelegentlich Deutsch auch in der Familie zu gebrauchen am Ende des ersten Schuljahres: spricht in einfachen Interaktionssituationen flüssig und „akzentfrei"

drittes und viertes Aufenthaltsjahr	Alter: 7–9 Jahre **Russisch:** sichere Kompetenzen; differenzierter Wortschatz und komplexe syntaktische Strukturen bei bekannten Texten; zunehmend Wortschatzlücken und Übernahmen aus dem Deutschen; kann lesen und schreiben **Deutsch:** noch im Aufbau, zunächst Verstehens- und Ausdrucksschwierigkeiten; am Ende des zweiten Schuljahres die Deutschnote Zwei, allerdings noch viele lexikalische und grammatische Lücken	Alter: 8–10 Jahre **Russisch:** deutsche Wörter werden eingefügt, vergisst zunehmend das kyrillische Alphabet, Unsicherheiten, spricht in der Familie beide Sprachen **Deutsch:** Instabilitäten, z. B. beim Artikelgebrauch, und Wortschatzlücken auch bei einfacheren Wörtern
fünftes und sechstes Aufenthaltsjahr	Alter: 9–11 Jahre **Russisch:** reagiert auf die Abwertung seiner Erstsprache und vermeidet es, Russisch in der Familie zu sprechen, kann nicht mehr ohne deutsche Einfügungen auskommen **Deutsch:** durchschnittliche, aber instabile Leistungen, Fehler kommen vor, kleinerer Wortschatz im Vergleich zu monolingualen Kindern	Alter: 10–11 Jahre **Russisch:** wird abgebaut, hat zunehmend Schwierigkeiten, zu verstehen und sich auszudrücken, spricht in der Familie überwiegend Deutsch **Deutsch:** Abschlusszeugnis der Grundschule Deutschnote 3,5; in der Hauptschule Deutschnote 3; leichter russischer Akzent, Vereinfachungen, Schwierigkeiten bei bestimmten grammatischen Strukturen und Fremdwörtern

Georg und Xenia beginnen mit dem Deutscherwerb erst in der Schule. Dies geschieht aber nicht mühelos und schnell. Vielmehr ist die Aneignung der Zweitsprache ein langwieriger Prozess, insbesondere weil auch die Zweitschriftsprache für die Schule erworben werden muss.

> Untersuchungen zeigen, dass die Aneignung der Zweitschriftsprache fünf bis sieben Jahre benötigt. Es ist daher nicht überraschend, dass im geschilderten Fall der Zweitspracherwerb auch im sechsten Aufenthaltsjahr noch andauert.

Im Bereich der Aussprache ist bei den Kindern noch ein leichter russischer Akzent zu hören, z. B. der für russische Deutschlerner typische r-Laut. Solche Übertragungen aus der Erstsprache in die Zweitsprache nennt man Interferenzen.

Lernersprachliche Formen und Instabilitäten

Der Wortschatz, über den Xenia und Georg verfügen, ist anfangs noch gering, und es sind einige Lücken erkennbar. Außerdem gibt es viele Vereinfachungen sowohl im lexikalischen Bereich (z. B. **Fahrtenkonrolle* statt *Fahrkartenkontrolle*) als auch im morphologischen Bereich (z. B. Artikelauslassungen). Man spricht in diesen Fällen auch von lernersprachlichen Formen. Daneben werden neben richtigen auch vereinfachte oder abweichende Formen gebraucht. Denn das Erfassen einer grammatischen Regularität (z. B. Personalendungen bei Verben) erfolgt schrittweise, zunächst bei einigen besonders vertrauten und häufig gebrauchten Verben, später auch bei anderen. Wenn die Kinder sich jedoch auf Inhalte konzentrieren oder müde sind, können ihnen erarbeitete Formen wieder entgleiten, sodass korrekte neben vereinfachten oder defekten Formen erscheinen. Man spricht dann auch von instabilen Formen oder kurz von Instabilitäten.

Es lässt sich feststellen, dass die deutsche Sprache mit der Zeit zur bevorzugten, dominanten Sprache von Xenia und Georg wird. Im Russischen sind zunehmend Erosionserscheinungen in allen Bereichen erkennbar. Kurz: Die Kinder sind dabei, ihre Erstsprache zu verlieren. Dies kann darauf zurückgeführt werden, dass sie zum einen in der deutschen Gesellschaft eine Abwertung ihrer Erstsprache erleben und zum anderen außer Alltagsgesprächen in ihren Familien keine weiteren Anregungen zu deren Entwicklung bekommen. Bemerkenswert ist, dass die Cousins von Xenia und Georg, die später nach Deutschland gekommen sind, bald bessere Deutschnoten haben als die beiden anderen Lerner, die schon länger dort waren. Allerdings legen auch ihre Eltern großen Wert auf den Deutscherwerb sowie auf die Bewahrung des Russischen (vgl. MENG 2001, 119 f.).

Untersuchungen zeigen, dass ein hohes erstsprachliches Niveau, insbesondere im Bereich des Textverständnisses und der Schulsprache, die Entwicklung der Zweitsprache in den ersten Schuljahren begünstigen kann und ein niedriges Niveau sie zu erschweren vermag (vgl. die Interdependenzhypothese von CUMMINS 1982; vgl. auch BAUR/MEDER 1989).

Ein weiteres Kind, das im Mannheimer Aussiedlerprojekt sprachbiografisch erfasst wurde, ist Erich. Er stellt einen häufigen Fall dar, der auch den meisten Lehrerinnen und Lehrern bekannt sein dürfte: Erich reist im Alter von einem Jahr und drei Monaten in die Bundesrepublik ein. Er kommt, wie viele andere in Deutschland lebende Migrantenkinder, im vierten Lebensjahr in den Kindergarten und wird nach seinem sechsten Geburtstag regulär eingeschult. Wie ist der Entwicklungsstand dieses Kindes in seiner

Zweitsprache Deutsch unmittelbar vor der Einschulung? Sein deutscher Wortschatz ist deutlich geringer als bei gleichaltrigen einsprachigen Kindern. Er kann einige Wörter noch nicht adäquat aussprechen. Außerdem hat er Schwierigkeiten im morphologischen Bereich, beispielsweise beim Gebrauch von Präpositionen und Artikeln. Es sind zudem noch viele Übergeneralisierungen beobachtbar. Damit ist gemeint, dass eine grammatische Regel, z. B. die Pluralbildung mit dem Pluralmarker -en, bei allen Substantiven verwendet wird (z. B. *Schulen, *Heften, *Tafelen, *Bücheren*). Erichs weitere Entwicklung in der Schule wird leider nicht mehr dokumentiert.

Übergenerali-sierungen

Insgesamt liefern die Sprachbiografien von MENG (2001) nur wenige Informationen über die Grundschulzeit der Kinder, weil die Großfamilie als Ganzes im Mittelpunkt der Darstellung steht und die Sprachlernbiografien der einzelnen Kinder nur gestreift werden.

Sprachlernbiografien

In den erwähnten Biografien mehrsprachiger Schriftsteller (S. 10 f.) spielen die Sprachen eine wichtige Rolle. Sie sind Dreh- und Angelpunkte des Erlebens, sind einerseits Verständigungsmittel, andererseits aber auch Ursache für Missverständnisse (etwa bei EVA HOFFMAN) oder Diskriminierungen (bei HUGO HAMILTON).

Im Gegensatz zu diesen Publikationen geht es im vorliegenden Buch weniger um allgemeine Aussagen über Menschen (Biografien) oder um Sprachen bzw. durch sie ausgelöste Irritationen. Stattdessen geht es vor allem um eine Darstellung von „Sprachlernbiografien", d. h. um die Erfassung von Sprachlerngeschichten, um Sprachlernprozesse sowie um die dazugehörigen Lebensgeschichten. Diese Lebensgeschichten sind der Rahmen, in dem sich sprachliche Entwicklungen bei zwei- oder dreisprachig aufwachsenden Kindern vollziehen.

Dazu werden sprachliche Aneignungsprozesse und Lernwege ausgewählter Kinder auf der Grundlage von Beobachtungen und über mehrere Jahre aufgezeichneter Sprachdaten rekonstruiert. Die Daten werden ergänzt durch Befragungen, die am Ende der Grundschulzeit mit Kindern, Eltern und Lehrkräften durchgeführt wurden. So können biografische Daten in Beziehung zur sprachlichen Entwicklung (insbesondere der Zweitsprache) gesetzt werden, und es kann gezeigt werden, wie sich Lernpräferenzen und Persönlichkeitsmerkmale sowie unterschiedliche Lernumfelder auf diese Entwicklung auswirken.

Wodurch unterscheidet sich dieser neue Ansatz der Sprachlernbiografien von dem herkömmlicher Sprachbiografien?

	Sprachbiografien	Sprachlernbiografien in diesem Buch
Ziel	wissenschaftliche Rekonstruktion und Analyse eines Lebens	Rekonstruktion von Sprachlernprozessen in einer bestimmten Lebensphase
Zielgruppe	Erwachsene	Kinder
Zeitspanne	gesamtes Leben	Lebensabschnitt (Vor- und Grundschule)
Fokus	ganzheitliche Darstellung	Entwicklungs- und Lernprozesse; Einstellungen und Einsichten von Kindern und Eltern
Perspektive	Innenperspektive	Innenperspektiven von Kindern und Eltern und Außenperspektive der betreuenden Lehrkräfte
Anzahl der Sprachen	meist mehrere	zwei

Sprachbiografien werden meist von Mehrsprachigen erstellt:

> *In sprachbiografischen Interviews erzählen Mehrsprachige davon, wie anfangs fremde Sprachen in ihr Leben getreten sind und langsam zu vertrauten, zu eigenen Sprachen wurden.* (Miecznikowski 2004, 187)

Während also im Rahmen von Sprachbiografien versucht wird, die Lebensgeschichten oder längere Lebensabschnitte erwachsener Personen ganzheitlich zu rekonstruieren, befassen sich Sprachlernbiografien mit Aneignungsprozessen von Lernern und ihren Entwicklungsstadien. In diesem Buch wird das Augenmerk dabei auf die Vor- und Grundschulzeit gerichtet. Dabei wird neben den verschiedenen Innenperspektiven der Kinder und Familien auch die Außenperspektive (die Sicht der Lehrkraft auf das Kind und seine Familie) berücksichtigt, und diese verschiedenen Sichtweisen werden beschrieben und zueinander in Beziehung gesetzt.

Obwohl die Zahl der dreisprachig aufwachsenden Kinder auch in Deutschland zunimmt, wurden im Rahmen der hier vorgestellten Sprachlernbiografien ausschließlich zweisprachige Schülerinnen untersucht. Der Grund liegt darin, dass eine Beschreibung von drei- oder gar viersprachig aufwachsenden Kindern sehr viel komplexer ausfallen müsste.

Es gibt Untersuchungen zum Erwerb des Deutschen als Zweitsprache, die als Darstellungsform Fallstudien wählen (vgl. z. B. Jeuk 2003). Solche Untersuchungen fokussieren konkrete Lerner, allerdings auf der Basis von Daten, die während eines knappen Jahres gesammelt werden. Mit den hier vorgestellten Sprachlernbiografien wird dagegen versucht, mehrjährige Entwicklungsverläufe zu erfassen und zu rekonstruieren.

Bei der Rekonstruktion dieser Sprachlernbiografien wird einerseits auf Spracherwerbsdaten von Kindern aus zwei Forschungsprojekten zurückgegriffen, andererseits werden Gespräche mit Eltern berücksichtigt, die während dieser Projektzeit z. B. im Rahmen von Hausbesuchen geführt und die durch abschließende Interviews am Ende der Grundschulzeit mit Eltern und Kindern ergänzt wurden. Diese Daten werden miteinander kombiniert. Die Sprachlernbiografien sollen dadurch möglichst detailreich abgebildet werden.

Bereits in den 1970er- und 1980er-Jahren wurden in der Sprachlehrforschung Lernerinterviews genutzt, um herauszufinden, mit welchen Sprachlernstrategien „gute Fremdsprachenlerner" arbeiten. Methodisch stützte man sich dazu auf introspektive Verfahren (z. B. Interviews, Tagebücher, Fragebögen) sowie auf Beobachtungen beim Lösen von Aufgaben (vgl. z. B. Rubin 1975, Naiman/Fröhlich/Stern/Todesco 1978). Sprachlerngeschichten[1], die im Rahmen solcher Befragungen zutage gefördert wurden, wollen wir im Folgenden an zwei Beispielen exemplarisch erörtern. Es handelt sich um für unsere Zwecke übersetzte, zusammengefasste und in Auszügen präsentierte Interviews aus Wenden (1991, 8 ff.). Darin beschreiben Erwachsene, wie sie eine fremde Sprache – in diesem Falle Englisch – gelernt bzw. weitergelernt haben:

- die Sprachlerngeschichte von L., der aus Ungarn in die USA emigrierte,
- die Sprachlerngeschichte von I., die Englisch an einem Gymnasium in Österreich gelernt hatte und danach ein Jahr in den USA verbrachte.

Die Sprachlerngeschichte von L.

L. hat in Ungarn Englisch weitgehend alleine zu lernen versucht, vor allem durch das Lesen von Texten und das Auswendiglernen von Wörtern und Wendungen. Er hat damals ein ungarisch-englisches Wörterbuch benutzt. In den USA schlägt er nur noch in einem einsprachigen Wörterbuch nach, um dann nicht in seiner Erstsprache zu denken. (Eine solche Vorgehensweise setzt freilich einen gewissen Sprachstand voraus, für Anfänger wäre

---

1 Sprachlerngeschichten sind unspezifischer als Sprachlernbiografien in dem hier vertretenen Sinne: Ohne einen konkreten Bezug zur Biografie fokussieren sie nur eine (begrenzte) Lernzeit. Sprachlerngeschichten entstehen vorrangig durch Lernerinterviews, ohne die Berücksichtigung anderer Daten(quellen).

ein einsprachiges Wörterbuch wenig hilfreich.) Weiter berichtet der Lerner, dass er, wenn er die Bedeutung eines Wortes aus dem Kontext nicht ableiten konnte, seine amerikanischen Freunde gefragt hat, ohne sich für sein Unwissen zu schämen. Deren Erklärungen versucht er sich einzuprägen und die neuen sprachlichen Einheiten zu üben. Er bildet damit beispielsweise Sätze, sowohl für sich selbst als auch in Gesprächen mit anderen.

Was machst du, wenn du etwas auf Englisch sagen willst? Gibt es so etwas wie eine Planungsphase?

Ich muss zunächst einmal meine Erstsprache ausblenden. Dann ist es möglich, Ideen und die dazugehörigen Wörter nahezu gleichzeitig abzurufen. Ich setze die englischen Wörter direkt zu den Objekten in Beziehung und nicht zu meinen ungarischen Wörtern. Nach wie vor habe ich oft das Gefühl, dass ich Fehler mache beim Sprechen. Dann bitte ich meine Freunde, mich zu korrigieren.

Wenn sie dich korrigiert haben, was machst du dann?

Ich passe auf und versuche es im Kopf zu behalten. Ich versuche mich zu erinnern. Ich denke über die Bedeutung nach. Ich spreche nichts nach, ohne es zuvor verstanden zu haben. Manchmal versuche ich auch selbst, Fehler herauszufinden, indem ich die Wörter und Phrasen zu den Situationen in Beziehung setze, in denen ich sie gelernt habe. Das ist eine gute Methode, um eigene Fehler zu entdecken. Andererseits ist es nicht angenehm, immer wieder die Erfahrung zu machen, dass man wenig weiß und wie viel man noch lernen muss.

Was machst du, wenn du etwas nicht ausdrücken kannst?

Ich versuche genau hinzuhören, wie andere etwas sagen. Ich bin immer offen für Informationen über die Sprache. Und ich bin immer konzentriert, um zu lernen. Ich möchte diese Sprache wirklich beherrschen – vielleicht in zehn Jahren.

In diesem sprachbiografischen Interview reflektiert L. seinen Englisch-Lernprozess und seine Lernstrategien und Lerntechniken, z. B. eigenständiges Lernen, den Wörterbuchgebrauch, Nachfragen bei Nichtverstehen sowie Techniken, sich neue Wörter und Erklärungen einzuprägen.

Die Sprachlerngeschichte von I.

I. ist überzeugt, dass es einfacher ist, eine Sprache zu lernen, wenn man die Kultur und Menschen im jeweiligen Sprachraum beobachten kann. Sie legt also großen Wert auf die sprachlichen Begleitumstände, d. h. die betreffende

Situation sowie die Mimik und Gestik von Interaktionspartnern. Den Fremdsprachenunterricht in der Schule kritisiert sie, weil dort vor allem Grammatik vermittelt wird. Am Anfang ihres Aufenthaltes in den USA hat sie nach eigenen Angaben versucht, sich in die englische Sprache einzuhören und sich an die fremden Laute zu gewöhnen.

„Wenn ich lese, so versuche ich so wenig wie möglich nachzuschlagen. Auch das Wiederholen von Wörtern versuche ich zu vermeiden. Ich bemühe mich, Bedeutungen mithilfe des Kontextes zu erschließen und Wörter durch Gebrauch zu lernen. Es kommt vor, dass ich eine Passage nicht verstehe. Dann lese ich sie mehrfach und schlage die Wörter nach, die ich für wichtig halte. Anschließend versuche ich mir die Bedeutung auf Englisch einzuprägen und möglichst nichts ins Deutsche zu übersetzen. Manchmal probiere ich auch andere Beispiele zu finden oder andere Bedeutungen, um mir das Wort auf Englisch zu erklären. Es ist besser, wenn man in einer Sprache denkt. Ich glaube, dass das besonders wichtig ist, weil Wörter der fremden Sprache oft nicht die gleiche Bedeutung haben, wie die entsprechenden Wörter der eigenen Erstsprache. Außerdem vergleiche ich die Wörter im Englischen, Deutschen und Spanischen. Man erinnert sich dann leichter. Das ist ein Beispiel dafür, wie ich meine Sprachen gebrauche. Gebrauchen ist besser als Memorieren."

In dieser Sprachlerngeschichte erzählt I. über die Bedeutung der zielsprachlichen Umgebung beim Erlernen einer Sprache, ihren Englischunterricht in der Schule, die Einhörphase nach ihrer Ankunft in den USA sowie ihre Lernstrategien und -techniken beim Lesen englischer Texte. Außerdem vergleicht sie Wörter ihrer Zweitsprache (Englisch) und ihrer Drittsprache (Spanisch) mit Wörtern ihrer Erstsprache (Deutsch).

Diese beiden Sprachlerngeschichten zeigen uns zwei ganz unterschiedliche Verhaltensweisen beim Entwickeln von Zweitsprachkenntnissen. Allgemein kann man sagen, dass das Verhalten von Sprachlernern – und insbesondere die zunehmende Selbststeuerung – vom Lerntyp sowie vom erreichten Lebensalter und vom Sprachstand abhängig sind.

Lernverhalten abhängig vom Lerntyp, Alter und Sprachstand

Wenn Lerner über wenige Wörter verfügen, suchen sie nach erstsprachlichen Äquivalenten. Dabei helfen zweisprachige Wörterbücher. Nach ein oder zwei Jahren sollten aufgrund des größeren Wortschatzes mehr und mehr einsprachige Wörterbücher benutzt werden.

Unter methodologischen Gesichtspunkten betrachtet, wurde die erste der beiden oben zitierten Sprachlerngeschichten als eine Art Leitfadeninterview durchgeführt. Die zweite entspricht eher einem narrativen Interview, in dem eine erwachsene Person frei über eigene Erfahrungen mit dem Englischlernen erzählt.

Um Informationen von Kindern zu erhalten, eignen sich Leitfadeninterviews besser als narrative Interviews, weil die Kinder durch zusätzliche Fragen in ihrer Erinnerungsarbeit unterstützt und angeregt werden können. Natürlich kann man von Interviews mit Kindern nicht dieselben ausführlichen Darstellungen erwarten wie von erwachsenen Lernern. Deshalb wurden für die vorliegende Publikation ergänzende Interviews mit den Eltern der Kinder und den betreuenden Lehrkräften durchgeführt und ausgewertet. Auf diese Weise wird für den Leser ein facettenreiches, komplexes Gesamtbild entstehen, das Lernwege und Entwicklungsprozesse transparent werden lässt.

Sprachenportfolios

Es gibt noch eine andere Möglichkeit, sich über Lerner und ihre sprachlichen Entwicklungen zu informieren: Sprachenportfolios. Sie helfen bei der

Dokumentation von Sprachentwicklungsprozessen. Erfasst werden darin beispielsweise interkulturelle Erfahrungen und Sprachlernerfahrungen sowie Lernfortschritte und Lerninteressen, aber auch hartnäckige Lernschwierigkeiten. So werden Erinnerungen an vorübergehende (z. B. Ausspracheprobleme) oder dauerhafte Lernschwierigkeiten (z. B. Genuszuordnungen im Deutschen) dokumentiert. Festgehalten werden ebenso schwierige Wörter, die relativ langsam gelernt und schnell wieder verlernt werden. Das gilt auch für Redewendungen, deren Sinn gespeichert, deren Wortlaut aber oft rasch wieder vergessen wird. Dazu wird eine Dokumenten- und Arbeitsmappe verwendet, die sich im Laufe der Zeit mit eigenen schriftsprachlichen Produkten und Kommentaren füllt.

Neben typischen Lernschwierigkeiten, die sich aus dem Lebensalter, der Erstsprache und der Häufigkeit und Intensität des Sprachkontakts ergeben, verfügt jeder Lerner zusätzlich über lernerspezifische (d. h. individuelle) Lernprobleme. Diese werden durch eine solche Dokumentation für Lehrkräfte zugänglich und damit im Unterricht auch „behandelbar".

Zu einer intensiven Beschäftigung mit der eigenen Sprachlernbiografie kann durch den Einsatz des Europäischen Sprachenportfolios angeregt werden.

Sprachenportfolios wurden zunächst für Jugendliche und Erwachsene entwickelt, liegen inzwischen aber auch für Grundschüler vor (vgl. Schweizerische Konferenz der Kantonalen Erziehungsdirektoren 2008). Der Hauptgedanke dabei ist, dass jeder Lerner festhalten soll, wie sich seine persönliche Lernbiografie bezüglich seiner verschiedenen Sprachen entwickelt. Die Auseinandersetzung mit der eigenen Sprachlernbiografie kann so zu einer wichtigen Form der Selbstreflexion, der Systematisierung, Erprobung und Selbststeuerung werden.

Die bisher vorliegenden Materialien richten sich hauptsächlich an einsprachige deutsche Kinder, die Fremdsprachen lernen (vgl. z. B. BARUCKI/ BECK 2002, LEGUTKE/LORTZ 2006). Anregungen zum Einsatz von Sprachenportfolios in DaZ-Vorbereitungsklassen finden sich bei OOMEN-WELKE (2006):

- Bestandsaufnahme und Bewusstwerdung: erste Informationen über das Kind, seine Sprachen, das grafische Sprachenporträt (wie bei KRUMM/JENKINS 2001), Lernstrategien;
- Sprachenbiografie: Sprachlernerfahrungen;
- Language Awareness (Sprachaufmerksamkeit und Sprachbewusstheit): Arbeit mit den Sprachen in der Klasse, z. B. Namen, Grußformeln, Internationalismen, „falsche Freunde";
- Dossier: Arbeitsergebnisse, Dokumente, Texte usw.

Sprachenportfolios erleichtern eine Bewusstmachung von Lernprozessen und -schwierigkeiten sowie die Dokumentation von sprachlichen Fortschritten. Dadurch können sie eine Hilfe für Lernende und Lehrende sein: Eine effektivere Zusammenarbeit ist möglich, weil genauer auf Bedürfnisse der Lernenden eingegangen werden kann.

Genauer auf die Bedürfnisse der Lernenden eingehen

Grenzen von Sprachenportfolios

Sprachenportfolios blenden Faktoren wie das Elternhaus, den Freundeskreis und Lieblingsbeschäftigungen aus. Diese wichtigen Determinanten des Lernumfeldes werden in den Untersuchungen, auf denen dieses Buch gründet, hingegen berücksichtigt:

- **Elternhaus:** Wenn eine Familie von Abschiebung bedroht ist oder plötzlich ein todkranker Großvater in die Familie aufgenommen und von der Mutter gepflegt werden muss, kann das erhebliche Auswirkungen auf das psychosoziale Befinden eines Kindes sowie auf seine Motivation zum Deutschlernen haben. Beeinflusst werden dadurch u. U. auch seine Konzentrationsfähigkeit sowie Leistungsbereitschaft und damit letztlich seine Lernfortschritte.

- **Freundeskreis:** Deutsche Freunde begünstigen einen verstärkten Gebrauch der Zweitsprache Deutsch. Dadurch können typische lernersprachliche Übergangsformen (z. B. Übergeneralisierungsfehler wie *geesst*) rascher überwunden werden, und die sprachliche Entwicklung kann sich beschleunigen.
- **Lieblingsbeschäftigung:** Der Wechsel einer Lieblingsbeschäftigung (statt fernsehen im Internet surfen) ist häufig mit der Entstehung neuer Interessen verbunden. Das kann z. B. für Wortschatzarbeit, insbesondere für spannende Rechercheaufgaben (z. B.: Was ist *eine Böschung?*) genutzt werden. Dadurch entsteht womöglich auch neues Interesse an Sprache(n), an Wortbedeutungen und an sprachlichen Formeln (z. B. *Trübsal blasen, viel am Hals haben, zum Vorschein kommen*) und insbesondere an Vergleichen.

Zu den Determinanten des jeweiligen Lernumfeldes gehören – als seine Bestandteile – auch Sichtweisen und Erwartungen der Lehrkräfte, d. h. ihre Wahrnehmungen und bevorzugten (weil automatisierten) Deutungen von Schüleräußerungen und Schülerverhalten. Auch dieser Bereich wird bei der Arbeit mit Sprachenportfolios vernachlässigt.

Präsentation authentischer Sprachdaten

Die Sprachdaten, die in diesem Buch präsentiert werden, sind authentische Daten, d. h. solche, auf die jeder Lehrer auch in seiner Klasse stoßen könnte. Durch die Lernerdaten, die wir in den Text aufgenommen haben, wollen wir Lesern die Möglichkeit geben, mündliche Lerneräußerungen, die sich in der Praxis gewöhnlich nicht festhalten und in Ruhe betrachten lassen – wie beispielsweise „Verdreher" –, einmal genauer zu untersuchen. Was war da eigentlich verdreht? Welche möglichen Ursachen lassen sich für solche Verdreher ausmachen? Auf dieser Grundlage wird es im Unterricht besser gelingen, Schüleräußerungen genauer zu erfassen und angemessener zu beurteilen.

Sprachlernbiografien von Grundschülern mit Migrationshintergrund

Zur Datengrundlage für die Erarbeitung von Sprachlernbiografien

Die Datenaufnahmen für die im Folgenden vorgestellten Untersuchungen beginnen ein bis zwei Jahre vor Schulbeginn und enden nach dem ersten Schuljahr. Ergänzt werden diese Daten durch retrospektive Interviews über die Grundschulzeit der Kinder, die nach Abschluss der vierten Klasse mit den Kindern, ihren Eltern und den jeweiligen Lehrkräften durchgeführt wurden.

Die drei Schülerinnen, über die hier berichtet wird, und ihre Familien sind den Autoren seit mehreren Jahren bekannt und wurden im Rahmen von Forschungsprojekten über einen längeren Zeitraum begleitet (Senyildiz 2010, Apeltauer 2007 a). Das bedeutet, dass nicht nur punktuelle Befragungen über die Grundschulzeit durchgeführt wurden, sondern dass die Studie sich auf mehrjährige Beobachtungen und Interaktionserfahrungen stützen kann.

Die zur Verfügung stehenden Daten wurden erhoben

Arten der Datenerhebung

- durch teilnehmende Beobachtungen in Kindergärten (auch im Rahmen von Fördermaßnahmen in Intervallen von zwei bis drei Wochen).
- durch die teilnehmende Beobachtung in der ersten Grundschulklasse im Abstand von vier bis sechs Wochen.
- durch die Verschriftlichung und Auswertung dieser Tonaufnahmen sowie durch die Auswertung von Berichten teilnehmender Beobachterinnen.
- durch Hausbesuche und Gespräche mit Eltern und pädagogischen Fachkräften sowie Lehrkräften.

Im Folgenden werden Informationen über die Probanden gegeben, welche eine erste Orientierung ermöglichen sollen. Die Kinder, über die in diesem Buch berichtet wird, weisen einige Gemeinsamkeiten, aber auch Unterschiede auf.

Gemeinsamkeiten zwischen den Kindern

- **Geschlecht:** Es wurden drei Mädchen ausgewählt, zu denen reiches Datenmaterial vorhanden ist. Die wenigen Jungen, die unter den Probanden waren, haben weniger gesprochen und schienen daher für exemplarische Darstellungen weniger geeignet. Aus Datenschutzgründen wurden diese Mädchen Havva, Zübeyde und Nina genannt. Die ersten beiden haben Türkisch als Erstsprache, die Erstsprache von Nina ist Russisch.
- **„Klassische" Bildungslaufbahn:** Alle Kinder wurden in Deutschland geboren, sind hier aufgewachsen und in den Kindergarten gegangen. Vor dem Kindergarteneintritt (nach dem dritten Geburtstag) hatten sie noch keine nennenswerten Deutschkenntnisse, weil in ihren Familien Türkisch bzw. Russisch gesprochen wurde. Es handelt sich also nicht um Quereinsteiger in das deutsche Bildungssystem.
- **Große Migrantensprachen:** Die ausgewählten Kinder gehören zu den zwei größten Migrantengruppen in Deutschland.
- **Stadtteile:** Alle Kinder wachsen in Stadtteilen mit einem hohen Prozentsatz an Zuwanderern auf. In ihren Klassen gibt es einen größeren Anteil von Kindern mit Migrationshintergrund.

Gemeinsamkeiten und Unterschiede auf einen Blick

	Havva	Zübeyde	Nina
Erstsprache	Türkisch	Türkisch	Russisch
Kindergarten	Kindergartengruppe ohne deutsche Kinder		Kindergarten mit ca. 30 % russischsprachigen Kindern
sozioökonomischer Status	Vater mit höherem Schulabschluss und Diplom	beide Eltern ohne höheren Schulabschluss	bildungsorientierte Akademikerfamilie
Alter	besuchen bereits eine weiterführende Schule		besucht die letzte Klasse der Grundschule
weiterführende Schule	Realschule	Gymnasium	Gymnasialempfehlung
Ort	Großstadt, ca. 230.000		Kleinstadt, ca. 25.000

- **Erstsprache:** Unterschiedlich sind vor allem die Erstsprachen der Kinder. Russisch ist mit Deutsch entfernt verwandt (eine indoeuropäische Sprache), Türkisch ist eine ural-altaische Sprache (keine indoeuropäische Sprache).
- **Kindergarten:** Wenn für die folgende Darstellung zwei Mädchen aus einer Gruppe ohne deutsche Kinder herausgegriffen wurden und eines aus einer Gruppe mit deutschen Kindern, so hat das u. a. damit zu tun, dass der Anteil an Zuwandererkindern wächst und der Anteil monolingualer deutscher Kinder zurückgeht. In vielen Kindergartengruppen in Ballungsgebieten und Großstädten gibt es schon heute weniger (z. T. gar keine) deutsche Kinder. Wenn man weiß, dass die Minorität i. d. R. die Sprache der Majorität lernt, so bedeutet das, dass die Motivation für Kinder mit Migrationshintergrund, Deutsch zu lernen, zurückgehen wird und man versuchen muss, mit Maßnahmen wie den im Kieler Modell[2] entwickelten, dieser Tendenz entgegenzusteuern (vgl. APELTAUER 2004 und zusammenfassend 2007a).
- **sozioökonomischer Status:** Der familiäre Kontext, in dem die Kinder aufwachsen, beeinflusst den Sprachgebrauch und die Möglichkeiten sprachlicher Entwicklung. Deshalb war es wichtig, im Rahmen der Studie auch diesen Bereich einzubeziehen.

----

2 Im Kieler Modell sprachlicher Frühförderung – einer Kindergartengruppe mit ausschließlich türkischen Kindern – wurde die Zweitsprache Deutsch durch das Anbahnen von Literalität durch Lernstationen, gemeinsame Projekte mit den Eltern u.Ä.m. über zweieinhalb Jahre gefördert. Das Modell wurde wissenschaftlich begleitet und evaluiert.

- **Alter:** Die Wahl fiel auf zwei ältere Mädchen, die bereits auf weiterführende Schulen gehen, weil von ihnen im Vor- und Grundschulbereich reichhaltiges Datenmaterial zur Verfügung steht und durch die retrospektiven Interviews diese Daten ergänzt werden konnten. Das etwas jüngere Mädchen, das die letzte Klasse der Grundschule besucht, wurde ausgewählt, weil es aus einer bildungsorientierten Akademikerfamilie stammt und anhand dieser Kontrastierungen deutlich wird, wie groß die Unterschiede in der Betreuung und damit auch hinsichtlich der Lernchancen, die den einzelnen Kindern eröffnet werden, sind.
- **weiterführende Schule:** Alle Kinder gehen auf eine weiterführende Schule. Ein Kind besucht die Realschule, eines das Gymnasium und das jüngste Kind hat bereits eine Gymnasialempfehlung.
- **Ort:** Die türkischen Kinder leben im Stadtteil einer Großstadt, der überwiegend von Zuwanderern bewohnt wird, das russische Kind dagegen lebt in einer Kleinstadt.

Auf weitere Gemeinsamkeiten und Unterschiede, insbesondere auf individuelle Lernprozesse wird ausführlich in den Sprachlernbiografien (S. 41 ff.) eingegangen.

Bei jedem dieser Kinder handelt es sich um eine kleine Persönlichkeit, was schon im Vorschulalter erkennbar wurde. Eines erscheint auf den ersten Blick eher extrovertiert und kommunikationsfreudig, verfügt über ein gutes Gedächtnis und ganzheitliche Sprachlernstrategien. Ein anderes ist eher zurückhaltend und analytisch orientiert, hat aber ebenfalls ein gutes Gedächtnis und zeigt gesunden Ehrgeiz beim Deutschlernen. Das dritte Kind weist weniger ausgeprägte Merkmale auf, ist aber auch gesprächig und ehrgeizig. Die Eltern sind sehr am schulischen Erfolg und insbesondere an guten Deutschkenntnissen ihrer Töchter interessiert und lassen sie das auch wissen. Im Laufe der Lektüre wird sich herauskristallisieren, um welche Kinder es sich handelt.

Die Interviews zu den Sprachlernbiografien
Zu jeder Sprachlernbiografie wurden jeweils **drei Interviews** durchgeführt:
- mit dem Kind,
- mit seiner Mutter bzw. den Eltern,
- mit seiner Grundschullehrerin.

Zur Gesprächsführung wurde ein Leitfaden mit Standardfragen (Erzählanreizen) entwickelt. Während der Interviews wurde im Bedarfsfall nachgefragt, um differenziertere Formulierungen zu erhalten. Dadurch wurde die spätere Analyse der Äußerungen erleichtert.

Schwerpunkte des Interviewleitfadens

Schwerpunkte des Interviewleitfadens waren z. B.:

- Sprachlernerfahrungen im Vorschulbereich,
- Unterricht in der Grundschule,
- zusätzliche Deutschförderung in der Grundschule,
- Freundeskreis,
- Lernstrategien und Lerntechniken,
- Familiensprache und Veränderung des Sprachgebrauchs in der Familie,
- Einschätzung der sprachlichen Kompetenzen in beiden Sprachen durch die Kinder, die Eltern und die Lehrkraft,
- Leseverhalten,
- Hausaufgaben,
- Unterstützung seitens der Eltern.

Bei der Durchführung der Interviews wurde es den Kindern und Eltern überlassen, in welcher Sprache sie Fragen stellen und beantworten und ob sie zwischen den Sprachen wechseln wollten (Code-Switching). Interviews mit den Kindern wurden im Beisein der Eltern durchgeführt. Zum einen gab das den Kindern Sicherheit, zum anderen konnten die Eltern im Bedarfsfall helfen und Aussagen der Mädchen explizieren, präzisieren und ergänzen.

Darstellung der Sprachlern-biografien

Die Darstellung der Sprachlernbiografien folgt diesem Muster: Zunächst werden Grundinformationen über die jeweilige Erstsprache vermittelt, in einem Fall werden dabei auch tiefere Einblicke gewährt. Dann werden wichtige Entwicklungsschritte in der Zweitsprache dokumentiert, wozu zunächst sprachsystematische Aspekte wie Aussprache, Lexik, Syntax und Morphologie fokussiert werden. Anschließend wird auf Lernverhalten und Lernstrategien eingegangen. Den Abschluss bilden die retrospektiven Interviews mit dem jeweiligen Kind und seinen Eltern. Anhand der Antworten der Probandinnen können sich die Leser auch ein Bild vom erreichten Sprachentwicklungsstand in der Zweitsprache am Ende der Grundschulzeit machen.

Von diesem Muster wird nur dort abgewichen, wo es aufgrund der Datenlage sinnvoll erscheint. So wird das Thema sprachliche Formeln beispielsweise bei einem der Mädchen, das als Formelsammlerin bezeichnet werden kann, ausführlicher thematisiert, weil in ihren Daten viele interessante (exemplarische) sprachliche Formeln auffindbar sind, die in den Daten der anderen Kinder nicht in gleicher Weise vorkommen. Bei einem weiteren Kind werden hingegen Präpositionen etwas ausführlicher behandelt, weil dort vermehrt lernertypische Übergeneralisierungen vorhanden sind, die die anderen Daten nicht in diesem Ausmaß aufweisen.

Die Lehrerin der beiden Kinder mit Türkisch als Erstsprache hat in ihrem Interview auf „Verdrehungen" hingewiesen, die sie aber nicht näher erläutern konnte. Die Daten zeigen, dass sich bei jedem der Kinder sprachstandsspezifische Verdrehungen finden lassen, aber auch Verdrehungen, die eher individuelle Vorgehensweisen beim Problemlösen dokumentieren. Die Präsentation solcher Abweichungen soll dem Leser helfen, die eigene Wahrnehmung für solche Phänomene zu schärfen und ein Bewusstsein für mögliche Ursachen zu entwickeln.

Schließlich wurde bei der letzten Darstellung (Nina) das ursprüngliche Muster abgewandelt. In diesem Beispiel werden die einzelnen Sichtweisen nicht mehr getrennt voneinander dargestellt, sondern in einer integrierten Form. Der Grund dafür ist einfach: Während für die ersten beiden Kinder die gleiche Lehrerin zuständig war und eine integrierte Darstellung daher zu vielen Wiederholungen (oder Querverweisen) Anlass gegeben hätte, ist das im letzten Fallbeispiel anders, was sich auch in der abweichenden Darstellungsweise niederschlägt.

Durch die retrospektiven Interviews sollen einerseits die Innenperspektiven, insbesondere die subjektiven Erfahrungen und Sichtweisen der Kinder dokumentiert werden, andererseits (und ergänzend dazu) die Sichtweisen der Eltern. Diese Innenperspektiven werden mit den Außenperspektiven der zuständigen Lehrkräfte konfrontiert. Der Leser kann dann überprüfen, wo sich Sichtweisen gleichen oder ähneln und wo es massive Unterschiede gibt.

In den Interviews werden unterschiedliche Perspektiven auf Lern- und Entwicklungsprozesse deutlich, deren Dokumentation zu einer Distanzierung und emphatischen Reflexion anregen soll. Dadurch sollen Perspektivenwechsel und eine zeitweilige Perspektivenübernahme möglich werden. Bestimmte Interviewpassagen, die interessante Informationen enthalten, aber ergänzungsbedürftig erschienen, werden durch Kommentare oder Exkurse erläutert, so wie auch präsentierte Sprachentwicklungsdaten kommentiert werden.

Unterschiedliche Perspektiven auf Lern- und Entwicklungsprozesse regen zur Reflexion an

2 Interview mit der Lehrerin der türkischen Kinder

Die Lehrerin ist etwa 35 Jahre alt und unterrichtet seit über zehn Jahren Kinder mit Migrationshintergrund. Sie verfügt über keine Zusatzausbildung für Deutsch als Zweitsprache, hat aber nach eigenen Angaben DaZ-Fortbildungen besucht und dabei beispielsweise etwas „über die andere Grammatik des Türkischen" erfahren. Die Klasse der beiden türkischen Probandinnen hat sie als Klassenlehrerin vier Jahre lang unterrichtet. Von den 20 Schülerinnen und Schülern der Klasse hatten neun einen Migrationshintergrund.

Vor Schulbeginn hatten die Kinder unterschiedliche Möglichkeiten, die deutsche Sprache zu erwerben:

- **in Kindergärten mit deutschen Kindern:** Sechs Kinder der Klasse, die über einen Migrationshintergrund verfügen, besuchten *einen normalen Kindergarten* (d. h. einen Kindergarten mit deutschen Kindern).
- **in einem Kindergarten ohne deutsche Kinder:** Die beiden türkischen Mädchen, die in der vorliegenden Publikation genauer vorgestellt werden, haben die letzten zweieinhalb Jahre vor Schulbeginn in einem Kindergarten ohne deutsche Kinder verbracht, weil dort keine mehr angemeldet worden waren. Es handelt sich um einen Kindergarten in einem Stadtteil, der überwiegend von Zuwanderern bewohnt wird (vgl. APEL-TAUER 2007a).

Wie könnte sich das auf den Deutscherwerb der beiden Kinder ausgewirkt haben? Im nachfolgenden Interview berichtet die Lehrkraft über ihre diesbezüglichen Beobachtungen und Eindrücke.

Interaktionshäufigkeit und -intensität als Faktoren beim Deutschlernen während der Kindergartenzeit

Die beiden Kinder, die in einem rein türkischen Kindergarten waren, wurden vor allem von zwei Fachkräften betreut. Eine davon war zweisprachig (Türkisch und Deutsch). Ergänzend gab es einmal in der Woche an einem Vormittag eine Lesepatin, die interessierten Kindern der Gruppe in einem besonderen Raum vorlas. Außerdem kamen noch zwei teilnehmende Beobachterinnen (jede an einem anderen Vormittag), um mit einigen Kindern (zum Zweck der Datenaufnahme) zu spielen und ihnen interaktiv vorzulesen. Diese zusätzlichen Zuwendungen beschränkten sich aber immer auf ein bis zwei Kinder, die in dieser Konstellation je nach Bedarf 30 bis 60 Minuten betreut wurden. Insgesamt überwogen also die Interaktionen und Gespräche mit den beiden Fachkräften. Die anderen Kinder mit Migrationshintergrund der Klasse hatten in ihren Kindergartengruppen dagegen zehn oder mehr deutsche Kinder als Spielpartner. Welche Auswirkungen hatten die unterschiedlichen Bedingungen in den beiden Kindergärten auf den jeweiligen Zweitspracherwerb der Kinder?

Gehen wir einmal davon aus, dass die Kinder im rein türkischen Kindergarten dort in der Zeit von acht bis zwölf Uhr waren. Die Gruppe umfasste fünfzehn Kinder. Für die Strukturierungen (*Kinder, jetzt machen wir einen Morgenkreis, und jeder setzt sich auf einen Platz. So, und nun wollen wir mal hören, was ihr gestern so alles erlebt habt …*), Bewertungen (*Oh, das hast du aber schön gemacht*), Streitschlichtung o. Ä. benötigten die Fachkräfte etwa 30 bis 40 Prozent der zur Verfügung stehenden Zeit. Wenn sie zudem noch vorlasen und das Vorgelesene kommentierten, so beanspruchte dies weitere 20 Prozent, insgesamt also ca. 50 bis 60 Prozent der zur Verfügung stehenden Zeit. Von den vier Stunden eines Vormittags blieben demnach maximal zwei Stunden für die Interaktion mit einzelnen Kindern übrig. Nehmen wir weiter an, dass diese zwei Stunden möglichst gleichmäßig auf die fünfzehn Kinder aufgeteilt wurden. Es ergibt sich dann pro Vormittag eine Interaktionszeit/Gesprächszeit von etwa acht Minuten pro Kind. Jedes Kind konnte in dieser Konstellation demnach etwa vier Minuten selbst Deutsch sprechen und wurde weitere vier Minuten auf Deutsch direkt angesprochen. In einer Woche wurde es demnach etwa 20 Minuten direkt auf Deutsch angesprochen und konnte selbst ebenfalls ungefähr 20 Minuten sprechen.

Interaktionszeit auf Deutsch: ca. acht Minuten pro Kind

Für einzelne Kinder verbesserten sich diese Bedingungen, wenn sie sich an einem Vormittag in der Woche von einer Lesepatin vorlesen lassen oder mit einer der beiden teilnehmenden Beobachterinnen spielen oder Bilderbücher betrachten konnten bzw. von ihnen interaktiv vorgelesen bekamen. Mit anderen Worten: Sprachlich gefördert wurden pro Woche zusätzlich drei bis vier der 15 Kinder, wodurch sich die oben geschilderten Zeitverhältnisse im positiven Sinne etwas änderten. Insgesamt aber kann durch solche Maßnahmen die Interaktionshäufigkeit und -intensität, die in gemischten Kindergartengruppen zwischen Zuwandererkindern und deutschen Kindern möglich sind, kaum ersetzt werden.

Nun könnte man einwenden, dass Kinder ja auch beim Zuhören lernen. Das stimmt jedoch nur zum Teil. Am meisten lernen Kinder nachweislich, wenn sie direkt angesprochen werden. Beim Zuhören (genauer: Mithören, wenn andere interagieren) können sie zwar etwas lernen, werden aber auch leicht abgelenkt und können sich ausblenden.

Aus Untersuchungen weiß man, dass sich vor allem solche Wörter und sprachliche Strukturen (auch Wendungen) einprägen, die Lerner in Interaktionen selbst gebrauchen.

Stößt ein Kind beim Sprechen mit Erwachsenen oder anderen Kindern auf eigene Ausdrucksgrenzen, wird es versuchen, diese beispielsweise mit Händen und Füßen oder mithilfe von Umschreibungen (z. B. *großes rundes Haus* für *Turm*) zu überwinden. Diese Phasen des Bedeutungsaushandelns gelten als sehr anregend für die sprachliche Entwicklung, denn wenn in einer solchen Situation Wörter oder Wendungen eingesagt werden, können sie zu Rettungsankern werden. Das hat u. a. damit zu tun, dass der Lerner die Mitteilungsbarriere unbedingt überwinden will. Dazu wird er alle seine Kräfte mobilisieren und hellwach sein, sodass Wörter, die ihm eingesagt werden, meist dauerhaft gespeichert werden können. Wir bezeichnen diese vom Lerner ausgehenden Initiativen und die damit verbundene hohe Konzentration und Lernbereitschaft als **selbstgesteuertes Lernen**.

Selbstgesteuertes Lernen ist hochwirksam, in der Regel wirksamer als Lernprozesse, die von Erwachsenen initiiert werden.

Nehmen wir nun einmal an, dass es in der gemischten Kindergartengruppe zehn deutsche und zehn Kinder mit Migrationshintergrund gab. Die Kinder mit Migrationshintergrund konnten in dieser Gruppe nicht nur mehr Deutsch „mithören", sie wollten oder mussten sich zudem auch sehr viel häufiger mit deutschen Kindern verständigen. Da sich die Aneignung einer fremden Sprache (Zweit- oder Drittsprache) beschleunigt, wenn viele Gelegenheiten zu intensivem Sprachkontakt bestehen, ist davon auszugehen, dass Kinder in einer solchen Lernumgebung schneller und besser Deutsch lernen als in der o. g. Ausnahmesituation ohne deutsche Spielpartner.

Übergang Kindergarten – Grundschule
Die Lehrkraft wurde gefragt, ob sie zu Schulbeginn vom Kindergarten Informationen über die Entwicklung der einzelnen Kinder erhalten hat. Dazu meinte sie nur: *Mit den Erzieherinnen habe ich nie gesprochen.* Und auch von den Eltern hat sie darüber keine Informationen erhalten.

Dagegen wurde vor dem Eintritt der beiden türkischen Mädchen in den Kindergarten ein längeres Aufnahmegespräch (mithilfe einer Dolmetscherin) geführt, und es wurden zahlreiche Fragen gestellt, z. B.:

Fragen beim Kindergarten-Aufnahmegespräch

- nach dem (vermuteten) Sprachstand des Kindes in der Erstsprache,
- nach den (von den Eltern vermuteten) Kenntnissen des Kindes im Deutschen,
- nach Spielgefährtinnen und Spielgefährten,
- nach Lieblingsspielzeug und Lieblingstätigkeiten,
- nach Interessen und Präferenzen des Kindes,
- nach Lerngewohnheiten und Lernstrategien des Kindes,
- nach Lebensgewohnheiten (fernsehen, vorlesen usw.) in der Familie,
- nach Einstellungen der Familie zur Zweisprachigkeit/Mehrsprachigkeit,
- nach Besuchen von Verwandten und Nachbarn,
- nach besonderen Ereignissen in der Familie in jüngster Zeit (Krankheiten, Unfall usw.),
- nach der Familiensprache,
- nach Bildungsvoraussetzungen der Eltern,
- nach ihren Lesegewohnheiten usw.

Diese Gespräche wurden auf Tonträger aufgezeichnet, sodass sie bei Bedarf von den betreuenden Fachkräften abgehört werden konnten. Später meinte die Gruppenleiterin, dass ihnen diese Interviews ein halbes Jahr Arbeit erspart hätten, weil sie die Kinder dadurch schon relativ gut kannten und nicht erst kennenlernen mussten.

Grundschullehrerinnen und -lehrer sollten solche Vorgespräche bereits vor Schulbeginn führen:

Grundschullehrer sollten vor Schulbeginn Vorgespräche führen

- **mit den Erzieherinnen** über einzelne Kinder,
- **mit den Eltern und ihrem Kind** im künftigen Klassenraum. Dadurch können sie einen ersten Eindruck vom Kind und seinen Eltern gewinnen und ihnen beiläufig vermitteln, dass man sie ernst nimmt, an ihnen interessiert ist und mit ihnen zusammenarbeiten möchte.

Deutschkompetenzen der Kinder zu Beginn der Grundschulzeit

Auf die beiden türkischen Mädchen angesprochen und um einen Vergleich mit den anderen Kindern mit Migrationshintergrund gebeten, antwortet die Lehrkraft: *Die Kinder, die einen normalen Kindergarten besucht hatten, konnten sich auf Deutsch schon besser ausdrücken.* Bei den beiden Mädchen hingegen waren *schon deutlich Lücken zu spüren in Grammatik, Wortwahl, Wortschatz.*

Aufgrund dieser Beobachtungen haben die beiden Kinder in der Grundschule eine besondere sprachliche Förderung erhalten. Es gab im Kindergarten zwar neben Lesepaten und der zusätzlichen Betreuung durch zwei teilnehmende Beobachterinnen Lernstationen und viele anregende Projekte. Dennoch konnten die fehlenden Interaktionsmöglichkeiten mit gleichaltrigen deutschen Kindern durch diese Fördermaßnahmen offenbar nicht ausgeglichen werden.

Weiter berichtct die Lehrkraft, dass beide Schülerinnen zwar *fließend* Deutsch sprechen konnten, als sie in die Schule kamen, allerdings mit hörbarem Akzent. Zudem gab es im Bereich der Grammatik *teilweise doch noch so Verdrehungen, und das hab ich auch noch gemerkt, wenn sie Geschichten geschrieben haben.* Was für „Verdreher" das genau waren, konnte die Lehrerin nicht sagen. Jedoch wären sowohl für Gespräche mit Kolleginnen und Kollegen als auch zur Bewusstmachung und Reflexion sowie für eine steuernde Beeinflussung der Lerner genauere Angaben darüber von Vorteil. Um welche Arten von „Verdrehern" handelte es sich? Waren es einfach nur falsche Wortfolgen im Satz, oder gab es besonders fehleranfällige Konstruktionen?

Die Sprachdaten der Kinder wurden daraufhin durchgesehen, und bei Havva wurden beispielsweise zwei mögliche Kandidaten für solche „Verdreher" gefunden. Über sie wird (im Rahmen der Sprachentwicklung der Kinder) berichtet (vgl. S. 44).

Auf die Frage, was unternommen wird, um den Kindern mit Migrationshintergrund das Verstehen im Unterricht zu erleichtern, gibt die Lehrerin folgende Antwort: *Sie (die Kinder) haben eigentlich nicht die Probleme, zu verstehen. Aber wenn sie es haben sollten, oder anfänglich hatte ich bisschen das Gefühl – ja viele Erzählanlässe und viel erklären und zusätzliche Hilfen geben.*

Die Lehrkraft argumentiert mit ihrem Gefühl, ihrer Intuition. Woran orientierte sie sich dabei? Welche Kriterien dienten ihr als Anhaltspunkte? Konnte sie die Kinder mit Migrationshintergrund angemessen einschätzen? In einer heterogenen Gruppe mit ihren unterschiedlichen Sprachständen ist dies äußerst schwierig. Darum soll an dieser Stelle offenbleiben, ob das der Lehrerin immer gelungen ist. Wissen sollte man aber, dass die sprachliche Flüssigkeit von Kindern mit Migrationshintergrund viele Lehrerinnen und Lehrer dazu verleitet, deren sprachliche Fähigkeiten zu überschätzen und sie sprachlich zu überfordern.

Auch wenn Kinder mit Migrationshintergrund i. d. R. mehr Wörter verstehen können, als sie gebrauchen, so ist das doch keine Garantie dafür, dass sie alle Wörter und Formulierungen, die von einer Lehrerin bzw. einem Lehrer gebraucht werden, auch problemlos erschließen können.

Lassen sich solche Probleme durch *Erklärungen und zusätzliche Hilfen* lösen, wie die Lehrerin ausführt? Das ist sicherlich eine mögliche Vorgehensweise, die allerdings auf eine korrekte Beurteilung durch die Lehrerin bzw. den Lehrer angewiesen ist. Es gibt aber noch eine andere Möglichkeit: Man kann Kinder zum Nachfragen ermutigen.

Kinder zum Nachfragen ermutigen

Die Kinder sollten angehalten werden, ihre eigenen Verstehensprozesse immer wieder sorgfältig zu überprüfen. Sie müssen außerdem lernen, dass sie „feedback" im Bedarfsfalle auch selbst einfordern dürfen.

Wichtig ist, dass Kinder mit Migrationshintergrund (ebenso wie deutsche Kinder) dazu ermutigt werden, nachzufragen, wenn sie etwas nicht verstehen – wodurch nicht zuletzt auch die Lehrerin bzw. der Lehrer entlastet wird. Wie lässt sich dies erreichen?

- **Ein kooperatives Arbeitsklima schaffen:** Am Anfang wird es den Kindern unter Umständen schwerfallen, nachzufragen. Denn wer gesteht schon gerne ein, dass er etwas nicht verstanden hat? Es muss daher in der Klasse ein kooperatives Klima geschaffen werden und ein Bewusstsein dafür, dass Unklarheiten oder Teilverstehen natürliche Zwischenschritte sind, die aufgespürt werden müssen, damit sie ausgeräumt werden können. Sonst erschweren sie das Verstehen neuer Zusammenhänge.
- **Überprüfungsphasen einführen und ritualisieren:** Überprüfungsphasen im Unterricht sind gerade für Kinder mit Migrationshintergrund wichtig, weil sie bei solchen Gelegenheiten lernen können, ihr Verstehen und ihre Lernprozesse zu kontrollieren, d. h. Eigenständigkeit zu entwickeln. Dies kann durch die Lehrerin oder den Lehrer erleichtert werden, indem immer wieder innegehalten und überprüft wird, was Einzelne verstanden haben. Die Überprüfungsphasen lassen sich ritualisieren, sodass die Kinder später selbst den Zeitpunkt und die dabei zu stellenden Fragen bestimmen können.
- **Kleingruppenarbeit nutzen und Kooperation anregen:** Manchmal lassen sich Verständnisfragen auch in Kleingruppen klären, ohne dass die Lehrerin eingreifen muss. Dies kann ebenfalls ritualisiert werden, damit die Kinder lernen, sich im Bedarfsfalle gegenseitig zu helfen.

Deutschkompetenzen der Kinder während der Grundschulzeit

Rückblickend meint die Lehrerin, dass *die Deutschentwicklung* (bei den beiden Kindern) *am Anfang langsamer* verlaufen ist, sich dann allmählich beschleunigt hat und vor allem im dritten und vierten Schuljahr viel besser geworden ist. In Erinnerung geblieben ist ihr, dass Fehler, die die beiden gemacht haben, häufig durch Mitschüler korrigiert wurden. Hausaufgaben haben beide Kinder ihrer Meinung nach immer *straight* gemacht – schnell und zügig.

Auf die Frage, was die Kinder gemacht haben, wenn Wörter einmal unbekannt waren, antwortet die Lehrerin: *Ich glaube, die habens eher ignoriert.* Gemeldet haben sich die Kinder in solchen Fällen *nicht gleich*, und nach einer kurzen Denkpause fügt sie hinzu *eher nicht*. Trotz des guten Arbeitsklimas hat es hier offenbar an Anregungen und Ritualisierungen gefehlt.

Registriert wurden von der Lehrerin auch Wortschatzprobleme, die sich bis zum Ende der Grundschulzeit beobachten ließen und die anhand von Floskeln wie *Mensch, wie sagt man noch?* erkennbar wurden. In Erinnerung geblieben ist der Lehrerin auch, dass die drei Kinder *manchmal einfach Schwierigkeiten* (hatten), *sich verständlich auszudrücken.*

Nach Meinung der Lehrerin haben Lesetechniken weitergeholfen, weil Wörter dann leichter verstanden wurden. Sie erläutert: *Wenn ich das Wort nicht richtig lesen kann, dann weiß ich auch nicht, was da eigentlich steht.* Das Nichtverstehen verbindet sie also vor allem mit dem noch nicht automatisierten Dekodieren. Doch richtiges Dekodieren bedeutet zunächst nur, dass eine Buchstaben- oder Lautfolge mit einem Wortmuster identifiziert werden kann. Beim lauten Lesen sind Lerner vor allem auf das Artikulieren konzentriert. Sie wissen hinterher oft nicht, was sie gelesen haben. Um einem Wort auch eine für den Kontext angemessene Bedeutung zuordnen zu können, benötigen sie zusätzliche Zeit.

Vom Dekodieren zum Verstehen

Nach dem Dekodieren müssen die Kinder also noch:

- ihr Wort-Bedeutungs-Netz aktivieren,
- eine erste (vorläufige) Wort-Bedeutungs-Zuordnung vornehmen,
- und sich zudem syntaktisch-morphologische Relationen zwischen Wörtern klarmachen, damit abschließend eine kontextangemessene Bedeutung zugeordnet werden kann.

Die Lehrerin berichtet weiter, dass ihr die ersten Referate der beiden Kinder im Sachkundeunterricht im vierten Schuljahr sehr positiv in Erinnerung geblieben sind. Referiert wurde über Wasser sowie über Katzen, Hunde und Pferde. Die beiden Kinder haben sich *so gut vorbereitet* (...), *insbesondere*

Zübeyde hat *da vorne gestanden und eine halbe Stunde referiert (…), und ich saß da nur und hab gedacht, das gibt's überhaupt gar nicht.* Auch ein halbes Jahr später kann sich die Lehrerin noch lebhaft an diese Szene erinnern. Wodurch ist die herausragende Leistung der Kinder beim Halten der Referate zu erklären? Es gibt hier ein Zusammenspiel mehrerer Faktoren, die sich positiv ausgewirkt haben dürften:

- **Literalität als Förderschwerpunkt im Kindergarten:** Im Kieler Modell spielte das Anbahnen von Literalität eine wichtige Rolle. Die Kinder haben schon im Vorschulbereich gelernt, dass man sich unterschiedliche Informationen (z. B. aus Sachbüchern) beschaffen kann, und sie haben im Rahmen von kollektiven Diktaten (Kinder diktieren einer Erzieherin/Lehrperson z. B. über eigene Erlebnisse) zudem gelernt, wie man Informationen strukturieren und präsentieren kann.
- **Unterstützung durch die Eltern zu Hause:** Die Kinder hatten zu Hause Zeit, die Referate vorzubereiten und konnten so von ihren Eltern sprachliche und inhaltliche Unterstützung erhalten. Sie haben aber auch – wie uns die Eltern berichteten – viele Informationen aus dem Internet *ausgedruckt* und verarbeitet.
- **Ritualisierte freie Lesezeit im Unterricht:** Die Lehrkraft ist überzeugt, dass dieser qualitative Sprung mit der vielen freien Lesezeit zu tun hat: Die Kinder haben dadurch gelernt, Informationen zu strukturieren: *Also die ersten 20 Minuten vom Tag waren stille Lesezeit, und da haben sie sich's praktisch gemütlich gemacht. Sie sind zu fünft in einen andren Raum und haben dasselbe Buch gelesen und haben darüber erzählt. Oder hat man[3] vorgelesen gegenseitig.*

Elternberatungsgespräche

Weiter führt die Lehrkraft aus, dass sie Kontakte zu den Eltern der drei Kinder hatte, aber keine Hausbesuche machte. Das schien ihr auch nicht nötig, da die Eltern immer zu den Elternabenden kamen. Zwar habe es auch ein- oder zweimal ein Telefonat gegeben, *sicherlich auch fordernd.* Aber ansonsten hätten sich die Eltern im Gespräch immer *sehr verständnisvoll gezeigt.*

Die Lehrkraft berichtet weiter, dass eines der drei Kinder (Havva) anfangs große Schwierigkeiten hatte, sich verständlich auszudrücken. Dies hat die Lehrerin dazu bewogen, Elternberatungsgespräche durchzuführen: *Da hatte*

---

3 Gesprochene Sprache enthält immer auch Versprecher oder Konstruktionen, die abgebrochen und neu arrangiert werden, wie im vorliegenden Ausschnitt. Solche Textstellen wurden absichtlich nicht geglättet. Erst vor diesem Hintergrund kann man die Leistungen der Lernenden würdigen, die aus dem Gehörten nur die „richtigen" Informationen aufgreifen.

ich aber auch Gespräche mit den Müttern gehabt und hab da gesagt: Mensch, noch mehr vielleicht Deutsch zu Hause sprechen. Bei der Mutter von Havva hatte ich das auch gesagt, dass die auch zu Hause ein bisschen mehr Deutsch sprechen oder irgendwie eine Möglichkeit sehen, was weiß ich, deutsche Geschichten mal hören, ne? Dass dieses Gefühl einfach für die deutsche Sprache noch bisschen mehr wird. Das hat sich ja allerdings bei allen dreien mittlerweile gegeben.

Die Lehrerin empfiehlt also den türkischen Müttern, mit ihren Kindern mehr Deutsch zu sprechen. Über eines dieser beiden Gespräche wurde uns auch von Havvas Mutter berichtet. Sie kommentierte die Empfehlungen der Lehrkraft folgendermaßen (I = Interviewerin, M = Mutter; + = kurze Pause, ++ = längere Pause):

1113	M:	*sie fand immer, dass ihr Deutsch immer zu wenig war*
(…)		
1117	I:	*Worüber hast du mit der Lehrerin gesprochen?*
1118	M:	*dass das Kind mit zwei Sprachen aufwächst*
1119	I:	(lacht) *okay und hat sie das eingesehen?*
1120	M:	*nö*
1121	I:	*nee + was meinst du damit?*
1122	M:	*was ich damit meine + ich soll nur mit ihr*
1123		(der Tochter) *Deutsch sprechen*
1124		*in der ganzen Familie nur Deutsch*
1125	I:	*sagte sie? ++*
1126	M:	*ja + kann ich leider nicht*
1127		*wir sind nun mal Menschen mit zwei Sprachen*

Um diese Äußerungen besser verstehen zu können, sollte man wissen, dass der Vater von Havva erst als Erwachsener (im Alter von ca. 28 Jahren) nach Deutschland kam, um hier zu heiraten. Er hatte ein türkisches Diplom, aber keinerlei Deutschkenntnisse und musste von Anfang an schwer körperlich arbeiten. Unter solchen Umständen eine neue Sprache zu erlernen, ist außerordentlich schwierig – zumal der Vater nie einen Deutschkurs besuchen konnte. Zwar versteht er inzwischen schon relativ viel Deutsch, das Sprechen fällt ihm aber immer noch schwer. Vor allem dann, wenn ein genaueres Verstehen erforderlich ist, weicht er lieber in seine besser beherrschte Muttersprache (Türkisch) aus. Unter diesen Bedingungen würde die Mutter den Vater von Familiengesprächen ausschließen oder ihm eine Teilnahme an solchen Gesprächen erschweren, wenn sie mit ihren Kindern nur noch Deutsch sprechen würde. Daher die Formulierung: *kann ich leider nicht.*

Die Lehrerin hatte zweifellos gute Absichten, doch wäre es ratsam gewesen, sich zuvor genauer über die Familienverhältnisse zu informieren. Denn dann hätte sie sicherlich auf diesen Ratschlag verzichtet. So hat sie damit die Mutter verärgert und wahrscheinlich auch die Stimmung in der Familie (ihr gegenüber) nicht verbessert.

Es ist wichtig, sich vor Elternberatungsgesprächen möglichst genau über die jeweilige Familiensituation zu informieren und die Eltern im Gespräch dazu auch ausführlich zu befragen. Grundsätzlich gilt: Eltern sollten mit ihren Kindern immer ihre starke (d. h. besser beherrschte) Sprache sprechen, weil diese reicher und differenzierter ist und somit auch mehr Anregungen für die kognitive Entwicklung geben kann als eine erst rudimentär entwickelte Zweitsprache.

Welche anderen Möglichkeiten gibt es, die sprachliche Entwicklung solcher Kinder zu fördern?

Folgende Empfehlungen können gegeben werden:

Empfehlungen zur Förderung der sprachlichen Entwicklung

- **Patenschaften:** An Schulen, an denen es viele deutsche Kinder gibt, könnten Schülerpatenschaften gestiftet werden. Patenschaften können aber auch von älteren Menschen (deutschen Ruheständlern) übernommen werden. Kinder mit Migrationshintergrund lernen Deutsch, wenn sie direkt angesprochen werden, wenn sie sich mitteilen dürfen und ihnen zugehört (und dabei hin und wieder sprachlich eingeholfen) wird.
- **Kleinprojekte:** Patenschaften könnten auch mit Kleinprojekten verbunden werden, z. B. etwas beobachten und dazu bestimmte Texte (z. B. populäre Sachbücher) lesen. Hierbei könnten wiederum Wortschatzarbeit und Bedeutungsklärungen einfließen sowie Gespräche geführt werden.
- **Literale Erfahrungen:** Eine weitere Möglichkeit zur Förderung der sprachlichen Entwicklung sind Bücher, auch ergänzend dazu Hörbücher oder verfilmte Bücher (z. B. auf DVD). Wer viel liest, auch wer viel literale Sprache hört, erwirbt nicht nur eine differenzierte Sprache, sondern auch metakognitive und metasprachliche Fähigkeiten zum Kontrollieren, Strukturieren und Präsentieren von Informationen. Das erleichtert einerseits das Überprüfen neuer Informationen und andererseits auch die Darstellung eigener Gedanken und Ideen.[4] Wer sich leichter

---

4 In einer jüngst veröffentlichten Studie in den USA wurde nachgewiesen, dass Blinde, die die Blindenschrift nicht erlernt haben, ihre Gedanken und Ideen anders darstellen als Blinde, die diese Schriftform erlernt haben. Blinde, die nicht alphabetisiert wurden, sind in ihren Darstellungen sprunghaft, ungeordnet assoziativ und haben auch beim Erörtern ihrer Probleme mehr Schwierigkeiten als alphabetisierte Blinde.

verständlich machen kann, wird zudem mehr Spaß am Miteinander-sprechen haben.

Wichtig sind Anschlussgespräche an Bücher/Hörbücher oder Filme. Die Kinder sollten die Möglichkeit haben, über Gelesenes oder Gehörtes/Gesehenes zu sprechen, damit die dabei gewonnenen Eindrücke strukturiert und reflektiert werden und die dafür erforderliche Beschreibungssprache entwickelt bzw. genutzt werden kann.

Einschätzungen der Lehrerin zu den einzelnen Kindern

Über **Havva** berichtet die Lehrerin, dass sie *ein freundliches und hilfsbereites Kind* gewesen ist, das aber auch Phasen hatte, in denen es *so'n bisschen luschig gearbeitet hat*. Doch nachdem sie mit ihr gesprochen hatte (*das müssen wir aber besser hinkriegen*) habe sie *echt trainiert* und sich so lange verbessert, bis es *in Ordnung* war. Da sei aber auch *die Mutter sehr hinterher gewesen*. Havvas Mutter sei in den ersten beiden Schuljahren *Elternvorsitzende* in der Schule gewesen. Und *sie hat das auch ganz engagiert gemacht.*

Aufgefallen sei ihr, dass Havva es zu Hause nicht leicht hatte: *Also mein Gefühl sagt, sie kriegt zu wenig Zuwendung.* Und etwas später führt sie aus, dass das Kind von den Eltern auch unter Druck gesetzt wurde. Das habe sie besonders vor Klassenarbeiten an einer gewissen Nervosität des Kindes erkannt: *Das konnte sie zwar gut überspielen, aber letztendlich brauchte sie sich nicht die Sorgen zu machen, weil sie meistens gute Zensuren geschrieben hat.* Und sie ergänzt: *Bei Havva war mir das manchmal ein bisschen zu streng.* Sie habe die Eltern auch darauf angesprochen, diese hätten die Bedenken aber zurückgewiesen. *Aber ich war mir da nicht so sicher, ob das immer bei den Kindern auch so angekommen ist.* Abschließend betont die Lehrerin noch, dass Havva *ganz lieb und freundlich* gewesen ist.

Über **Zübeyde** berichtet die Lehrerin, dass auch sie *eine ganz Freundliche, sehr Fleißige* war. Und nach kurzem Nachdenken: *Die war eigentlich immer sehr fleißig.* Aber auch bei Zübeyde habe sie einen *unheimlichen Druck vom Elternhaus* bemerkt. Mehr als einmal habe Zübeyde *geweint nach einer Note, weil sie 'ne Drei oder 'ne Vier* bekommen hatte. Ihre Leistungen hätten aber meist zwischen zwei und drei gelegen. Man habe eben gemerkt, dass sie *sehr unter Strom steht.* Irgendwann habe sie (die Lehrerin) gemerkt, *dass das Kind aufs Gymnasium will.* Und *da wusste ich, Mensch das (Gymnasium) könnte sie schon so packen, aufgrund ihres Fleißes packen.*

Die Lehrerin ergänzt noch: *Wenn die Eltern selber kein Deutsch können, dann haben sie wirklich Angst um das Kind und deswegen können sie manchmal auch sehr fordernd sein.* Am Ende des Interviews resümiert sie, *dass es viele türkische Eltern gibt oder arabische, die ganz schön Druck machen, dass ich eher ein Mädchen oder einen Jungen aus diesen Kulturkreisen habe, der weint nach einer schlechten Note als ein anderes* (Kind).[5]

Die Interviewerin möchte noch wissen, wie die Lehrerin die Türkischkenntnisse der Kinder einschätzt. Darauf antwortet sie: *Kann ich Ihnen nichts zu sagen.* Und etwas später: *gehe ich eigentlich davon aus, dass sie die türkische Muttersprache beherrschen.*

Allgemeines Lernklima in der Grundschulklasse

Positiven Einfluss auf die sprachliche Entwicklung und das Wohlbefinden der Kinder in der Klasse haben nach Meinung der Lehrerin die vielen Projekte gehabt, die sie (z. T. mit Kolleginnen) durchgeführt hat. So wurden Museumsbesuche, eine Sonnenaktion, Chorwettbewerbe, zwei Klassenfahrten sowie mehrere Ausflüge veranstaltet, und schließlich wurde mit der Klasse sogar ein Musical („Das Vierfarbenland") inszeniert. Das alles habe den Kindern viel Spaß gemacht. Vielleicht lassen sich so auch die positiven Kommentare der Mütter erklären. Auf die Frage, wie die Grundschulzeit gewesen sei, antwortet die Mutter von Havva *gut, sehr gut*, die Mutter von Zübeyde meint dazu nur: *Also was Negatives eigentlich gar nicht.*

Im weiteren Verlauf des Interviews betont die Lehrerin, dass das Lernklima in der Klasse ihrer Meinung nach gut war:

1	L:	*Also ich glaube, das Lernklima war gut,*
2		*dass sie auch ihre Sprache verbessern konnten*
3		*ohne jetzt von anderen vielleicht ständig darauf*
4		*hingewiesen zu werden.*
5		*Mensch, ich versteh dich gar nicht.*
6		*So schlimm war es ja auch gar nicht.*
7		*Aber es war schon zu merken.*

Die Aussage der Lehrkraft wird durch den im Rahmen von Unterrichtshospitationen gewonnenen Eindruck sowie indirekt auch von den Kindern bestätigt. So beschreibt Havva ihre Erinnerungen an die Klasse so:

....

5 Im kollektiven Bewusstsein vieler Deutscher sind türkische oder arabische Eltern eher diejenigen, die nicht an der Schullaufbahn ihrer Kinder interessiert sind.

Dass meine Klassenkameraden immer nett zu mir waren. Und dass ich die auch nett fand. Und mein und meine kla meine lehrerin war auch nett.

Und Zübeyde meint auf die Frage, wie es in der Grundschule war:

26   Z: *das war eigentlich gut, normal nichts schwer*

(…)

35   I: *Was hat dir gefallen?*

36   Z: *meine Klasse, die Lehrer und Lehrerinnen*

(…)

39   Z: *ich war mit alles zufrieden*

Sprachlernbiografien

Sprachlernbiografie Havva

Havva wurde im August 1999 geboren und besuchte zwei Jahre lang eine Krabbelgruppe. Deutsch hörte sie bis dahin nur ab und zu auf der Straße. Von November 2002 bis Juli 2005 ging Havva in einen Kindergarten in einer norddeutschen Großstadt. Er liegt in einem Stadtteil, in dem sich mehr und mehr Zuwanderer angesiedelt haben und in dem nur noch wenige Deutsche leben. 1992 gab es in dem Kindergarten noch etwa 50 Prozent deutsche Kinder. Zum Zeitpunkt von Havvas Aufnahme waren in der Kindergartengruppe keine deutschen Kinder mehr.

Havvas Familie

Die Mutter kam als Kind mit vier Jahren nach Deutschland, erwarb einen Hauptschulabschluss und wurde zur Facharbeiterin ausgebildet. Sie spricht gut Deutsch sowie Türkisch und ist seit der Geburt ihrer Tochter Hausfrau.

Der Vater kann einen in der Türkei gemachten höheren Schulabschluss sowie ein Diplom vorweisen. Er kam 1998 nach Deutschland, um zu heiraten, arbeitet als angelernter Facharbeiter bei einem Handwerker und ernährt damit die Familie. Einen Deutschkurs konnte er aus Zeitgründen nie besuchen. Inzwischen versteht er etwas Deutsch, hat aber Schwierigkeiten, sich zu artikulieren. Darum ist die Familiensprache Türkisch. Beide Eltern wollen, dass ihre Tochter Türkisch und Deutsch so gut sprechen kann wie die Mutter.

Die Eltern des Vaters leben in der Türkei. Mindestens einmal im Jahr fährt die Familie dorthin, um sie zu besuchen. Außerdem wird telefonischer Kontakt gehalten.

Der Vater der Mutter erkrankte kurz vor der Geburt des zweiten Kindes. Zum Zeitpunkt der Aufnahme Havvas in den Kindergarten wurde er von der Mutter bereits ein Jahr lang gepflegt. Havva hat nach Aussagen der Mutter bei der Pflege des Großvaters liebevoll geholfen. Weil Havvas Mutter dadurch bedingt nur wenig Zeit für ihre Tochter hatte, war die Beziehung zwischen Mutter und Tochter zu Beginn des Kindergartenbesuchs belastet. Havva freute sich nicht, wenn sie von der Mutter abgeholt wurde, während sie strahlte, wenn der Vater kam. Erst nachdem Monate später der Großvater gestorben war, besserte sich das Verhältnis zwischen Mutter und Tochter allmählich wieder.

Vorgelesen haben die Eltern Havva vor ihrem Eintritt in den Kindergarten nicht. Angeregt durch die Teilnahme am Kieler Modell sprachlicher Frühförderung wurde das Lesen in der Familie dann jedoch ritualisiert (vgl. Elterninterview, S. 55 ff.). Von nun an wurde regelmäßig vorgelesen, auf Deutsch von der Mutter und auf Türkisch vom Vater.

Havvas Persönlichkeit

Havva ist ein kontaktfreudiges und selbstbewusstes Mädchen. Sie verfügt über eine schnelle Auffassungsgabe, ein gutes Gedächtnis und eine hohe Konzentrationsfähigkeit, wenn sie an etwas interessiert ist. Havva ist höflich und wohlerzogen. Zum Zeitpunkt der Aufnahme in den Kindergarten interessiert sie sich für Musik und tanzt gerne. Ähnlich wie ihre Freundin Zübeyde liebt sie es, sich zu verkleiden und spielt begeistert Theater. Kontakte zu deutschen Kindern hat sie bis dahin keine.

Bereits in der Vorschulzeit nutzt Havva zu Hause einen Lerncomputer. Sie lernt damit erste Buchstaben und kann bestimmte Tasten drücken, um Wörter, die vorgesagt werden, eigenständig nachzusprechen und zu schreiben.

Havvas Erstsprache Türkisch

Havvas Türkisch ist gut (d. h. altersgemäß) entwickelt. Sie verfügt über eine klare Aussprache und einen großen Wortschatz, der erkennbar wird, wenn sie erzählt. Das Mädchen kann bereits beim Eintritt in den Kindergarten lange und komplexe Sätze bilden.

Die Entwicklung der Zweitsprache Deutsch

Welche Sprachen spricht Havva mit wem zu Beginn ihres Deutscherwerbs (Kindergarten)?

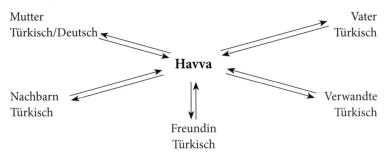

In den Kindergarten kommt Havva ohne Deutschkenntnisse. Deutsch hat sie vor dem Kindergartenbesuch zwar schon gehört und auch zu sprechen versucht, derartige Äußerungen bleiben aber (so die Aussage der Eltern) unverständlich.

Nach zweieinhalb Jahren Sprachförderung im Kindergarten spricht Havva flüssig Deutsch. Sie verfügt – laut Beurteilung nach den diesem Buch zugrundeliegenden Untersuchungen – über einen angemessenen Wortschatz und kann sich im Kindergarten gut verständigen.

Wortschatz

In ihrem retrospektiven Interview betont die Lehrerin dagegen, dass Havva zu Beginn der Schulzeit noch große Wortschatzlücken gehabt hat. Wie ist dieser Widerspruch der oben genannten Beurteilung und der Beurteilung durch die Lehrerin zu erklären?

Havvas Zweitsprachengebrauch war domänenspezifisch, d. h., orientiert an bestimmten Themen, Situationen und Rollen, in denen sie sich auch entwickelt hat. Kamen Themen zur Sprache, die im Kindergarten nicht behandelt worden waren, hatte Havva damit Schwierigkeiten.

Domänen-spezifischer Zweitsprachen-gebrauch

> Weil über bestimmte Themen im Kindergarten nicht gesprochen worden war, fehlten dem Kind dafür die erforderlichen deutschen Wörter.

Wenn die Lehrerin von den Erzieherinnen über Themen und Situationen, die den Kindern vertraut waren, informiert worden wäre (oder sich selbst informiert hätte), so hätte sie diese gegenüber den Kindern anschneiden und sich auf diese Weise ein Bild von ihrem Können machen können. Und sie hätte den Kindern dadurch Erfolgserlebnisse vermitteln können – welche bekanntlich zum Weiterlernen motivieren.

Was für **Wörter** haben Havva im ersten Schuljahr **gefehlt**?
- Wörter, die sie auf Türkisch nachweislich kannte: Erfragt wurde von ihr beispielsweise die Bedeutung von Wörtern wie *löschen* (im Zusammenhang mit Feuerwehr), *Schneeglöckchen* (im Zusammenhang mit jahreszeitlichen Blumen), *Zahnweh* (bei der Vorbereitung auf einen anstehenden Zahnarztbesuch).
- Wörter, die ihr in beiden Sprachen unbekannt waren: Auf einem Arbeitsblatt „Wörter mit s" hatte sie beispielsweise Schwierigkeiten mit Wörtern wie *Schlips, Raspel, Peitschenschwanz* (bei Dinosauriern) und *Fuchs*.

Der Begriff *Fuchs* war ein Jahr zuvor im Kindergarten im Zusammenhang mit dem Lied *Fuchs, du hast die Gans gestohlen* behandelt worden. Die

Kinder hatten sogar Bilder dazu gemalt. Dennoch war das Wort sowohl für Havva als auch für Zübeyde nicht mehr abrufbar. Das ist nicht ungewöhnlich, denn Wörter haben nur eine begrenzte „Lebensdauer". Werden sie nicht gebraucht, verblassen sie und werden vergessen. Eine Faustregel besagt: Wenn drei neue Wörter gelernt werden, wird ein anderes (altes) Wort vergessen. Außerdem gibt es natürlich viele Übergangsformen: Vielleicht konnte sich Havva noch an das Wort Fuchs erinnern, nicht aber an seine Bedeutung. Oder aber sie hatte nur noch eine schemenhafte Erinnerung an den Klang des Wortes.

Ihren Wortschatz (vor allem Inhaltswörter: Substantive, Verben und Adjektive) baut Havva im Laufe der Grundschulzeit beständig aus, sodass sich im Unterricht immer weniger Wortschatzlücken zeigen. Erfolgreich ist sie auch bei der Aneignung von Modalpartikeln, die sie im Rahmen von Formeln erwirbt.

Syntax

Zum Zeitpunkt der Einschulung kann Havva bereits:

- lange Sätze bilden,
- Sätze aneinanderreihen (koordinieren),
- die meisten Nebensätze verstehen.

„Verdreher" in den Äußerungen der Kinder

Die Lehrerin kritisiert (vgl. S. 32), dass die Kinder aus dem Modell zu Schulbeginn oft Schwierigkeiten hatten, sich auszudrücken, und dass es immer wieder zu „Verdrehern" kam. Was sie damit meint, kann sie allerdings nicht erläutern. Bei der Durchsicht der Daten wird festgestellt, dass es zwei Arten von „Verdrehern" bzw. Ursachen dafür gibt:

- Äußerungen, die aus mehreren sprachlichen Formeln (chunks) zusammengesetzt werden (z. B.: *Wir müssen leider zu Hause wieder zurück*),
- die fehlende Inversion bei Adverb-Voranstellungen (vgl. (1), S. 45).

Auch in der zweiten Hälfte des ersten Schuljahres vergisst Havva bei der Adverb-Voranstellung manchmal noch die im Deutschen gleichzeitig erforderliche Inversion (d. h. die Voranstellung des Verbs vor das Subjekt; vgl. *jetzt gehe ich*). Entgangen sein dürfte der Lehrkraft dabei, dass Havva in solchen Fällen oft andere sprachliche Aspekte fokussierte. Es ist schwierig, so etwas zu erfassen, weil Sprache flüchtig ist und man nicht auf alles gleichzeitig achten kann. Am folgenden Beispiel wird aber deutlich, dass das Registrieren der Verdrehung nur eine Seite der Medaille ist. In (1) springt uns zwar die fehlende Inversion ins Auge. Gleichzeitig überdeckt diese Wahrnehmung aber die unvollständige Endung bei *waschen*. Die Wiederholung in (2) wird wahrscheinlich als Richtigstellung wahrgenommen, weil nun die Verdrehung beseitigt ist. Doch was passiert genau? Worauf hat das Kind hier geachtet?

(1) H: *Jetzt ich gehe auch Hände wasche +*
(2) H: *Ich gehe auch Hände waschen.*   → Selbstkorrektur

Es wird deutlich, dass Havva die inkorrekte Endung bei *waschen* in (1) registriert hat. Offenbar hat sie sich zu diesem Zeitpunkt auf Endungen konzentriert. Nach einer kurzen Pause (+) wiederholt sie ihre Äußerung unter Auslassung des Adverbs, dafür aber mit korrekter Endung. Solche Selbstkorrekturen zeugen von Sprachbewusstheit und Selbstkontrolle. Allerdings entgeht Havva darüber die erforderliche Umstellung, was darauf hindeutet, dass die Inversion von ihr zu diesem Zeitpunkt noch nicht automatisiert worden war und dass es für sie schwierig ist, verschiedene sprachliche Ebenen gleichzeitig zu überwachen.

Die Produktion von Nebensätzen bereitet Havva noch längere Zeit Schwierigkeiten. Nur bei Konditionalsätzen (*wenn … dann*) gelingt ihr schon vielfach eine korrekte Verb-Endstellung, während sie bis zum Ende des ersten Schuljahres (z. B. bei weil-Sätzen, wie übrigens auch viele deutsche Kinder) eher die Verb-Zweitstellung produziert.

Morphologie

Die Morphologie des Deutschen ist ein sehr komplexer Bereich, dessen Erwerb bei allen DaZ-Lernern lange dauert und sich erst im Laufe der Jahre nach und nach entwickelt. Dies hängt damit zusammen, dass viele morphologische Regularitäten für Lerner intransparent und darum nur schwer erfassbar sind.

Mit der **Verbalmorphologie** hat Havva vor allem im ersten Schuljahr Schwierigkeiten, u. a. mit

Schwierigkeiten mit der Verbalmorphologie

- Personalendungen bei Verben,
- Vokaländerungen bei der Tempusbildung der unregelmäßigen Verben, insbesondere mit Partizip-Perfekt-Formen von Verben, die ihr noch weniger bekannt sind,
- Formen des Partizip Perfekt: Es finden sich in ihren Äußerungen Formen wie *geschreibt, *gelest, *gehilft neben Formen wie *gehüpf, *gespring, was darauf schließen lässt, dass weder im DaZ- noch im Deutschunterricht solche Formen bewusstgemacht und geübt wurden.

Diese Schwierigkeiten überwindet Havva relativ schnell. Gegen Ende des ersten Schuljahrs verwendet sie auch schon Formen des Präteritums.

Schwierigkeiten mit der Nominalmorphologie

Im Bereich der **Nominalmorphologie** hat Havva bis zum Ende ihrer Grundschulzeit größere Probleme mit:

- Funktionswörtern, insbesondere mit Artikeln (wegen des schwer durchschaubaren Genus- und Kasussystems) und Verweisen mit Pronomen,
- Präpositionen (und Konjunktionen),
- Endungen (Kasusendungen und Kongruenzphänomenen z. B. bei Attributkonstruktionen vgl. z. B. *in eine anderes Bücherei).

Wie wird damit im DaZ-Unterricht umgegangen? **Übungen, die zu Genuszuweisungen** im ersten Schuljahr durchgeführt werden, scheinen die Verwirrung der Lernenden oft zu vergrößern, anstatt ihnen zu helfen. Die Kinder erhalten ein Übungsblatt mit vielen Abbildungen und Substantiven, denen Artikel (bzw. Genusformen) zugeordnet werden sollen (z. B. müssen zu Abbildungen von Tieren und Tiernamen wie Lama, Elefant, Affe oder Adler unbestimmte oder bestimmte Artikel zugeordnet werden). In den Tonaufnahmen taucht in der zweiten Jahreshälfte folgende Interaktion zwischen Havva und einer Mitschülerin auf (22.02.2006):

446	H:	*alleer eine alle ein eine aller?*
447	S:	(hyperkorrekt und laut) *ad ler*
448	H:	*adler ein adler eine adler?*

Solche Ausspracheprobleme zeigen, dass das Wort offenbar noch nicht abgespeichert wurde. Folglich ist die Übung für Havva kaum sinnvoll. Erst wenn sie die Wortform beherrscht, d. h., das Wort mühelos wiedererkennen und artikulieren kann, kann sie ihm auch eine Bedeutung zuordnen.

Gewöhnlich muss ein neues Wort acht- bis zehnmal gehört worden sein, ehe es wiedererkannt wird, und es braucht weitere 20 bis 30 Wiederholungen, bis die Bedeutung zugeordnet wird. Der eigenständige Gebrauch eines neuen Wortes erfolgt i. d. R. erst nach etwa 50 Wiederholungen.

> Wenn ein Kind genötigt wird, sich die Genusform eines Wortes einzuprägen, das es noch nicht artikulieren oder dem es noch keine klare Bedeutung zuordnen kann, so wird damit der zweite Schritt vor dem ersten getan. Dies ist genauso wenig sinnvoll wie Wasserschöpfen mit einem Sieb.

Wie sollte eine solche Übung stattdessen aussehen?

Die Genus-zuweisung sinnvoll üben

- **Unbekannte Wörter identifizieren:** Im Vorfeld muss geklärt werden, ob den Kindern alle Wörter vertraut sind.
- **Unbekannte Wörter erläutern:** Unbekannte Wörter müssen erläutert und kontextualisiert werden. Sie können z. B. durch kurze Erfahrungsberichte eines Kindes oder der Lehrerin bzw. durch kurze Geschichten, Anekdoten oder Witze mit einer lebendigen und emotional verankerten Bedeutung versehen werden.
- **Übungsphase:** Daran schließt sich eine Übungsphase an, damit sich die Lerner das Wort einprägen können. Dabei kann auf die zugehörige Genusform aufmerksam gemacht werden, indem man sie entsprechend hervorhebt (sie z. B. betont oder durch eine kurze Pause vom übrigen Strom der Wörter abhebt), damit die Kinder lernen, darauf zu achten.
- **Erzählphase:** Wirklich erfolgreich wird ein solches Vorgehen jedoch erst dann sein, wenn es gelingt, die Lerner zum Erzählen anzuregen, sodass sie das neue Wortmaterial selbst verwenden. Neue Formen und die dazugehörigen Begleitwörter prägen sich dadurch erheblich besser ein als bei den oben geschilderten mechanischen Zuordnungsaufgaben.
- **Schreibphase:** Im ersten Schuljahr kann die Lehrkraft solche Erzählungen an die Tafel schreiben und dabei auch die Genuszuordnungen nochmals thematisieren. In höheren Klassen können damit Schreibübungen verbunden werden. Wichtig ist dabei, dass sich Kollokationen wie *der Adler fliegt …* oder *der Elefant steht …* einprägen und keine unfruchtbaren Ratespiele initiiert werden: *der Adler, die Adler, das Adler?*

Als Kontextualisierungshilfen bot die Lehrerin bei der oben vorgestellten Übung zwar „Merksätze" an, versäumte es aber, brauchbare Hilfestellungen zu geben, was anhand des folgenden Transkriptauszugs deutlich wird (22.03.2006):

1943	H:	*das?*
1944	L:	*nein, die Feuerwehr oder das Feuerwehrauto*
1945	H:	*das Feuerwehrauto das Feuerwehrauto*
1946	L:	*ja*
1947	H:	*mit einem Feu-*
1948	L:	*mit einem Feuerwehrauto*
1949	H:	*kann + kann er + + +*
1950	K:	*lösch-* (eingesagt)
1951	H:	*löschen*

Warum heißt es *die Feuerwehr*, aber *das Feuerwehrauto*? Die Lehrerin hätte an dieser Stelle das Wort *Feuerwehrauto* zerlegen lassen müssen in *Feuerwehr* und *Auto*. Dann hätten sie den Kindern erläutern können, dass es *das Auto* heißt und daher ein Wort, welches *Auto* als zweiten Teil hat (z. B. *Rennauto*), den Artikel *das* erhält.

Genuszuordnungen sollten zunächst für einen Basiswortschatz (die 400 häufigsten Substantive) erarbeitet und abgesichert werden. Erst wenn ein Kind beim Wort *Auto* automatisch den Artikel *das* ergänzt, wird es auch in der Lage sein, einem Kompositum mit *Auto* als Grundwort die entsprechende Genusform zuzuordnen.

Welche Sprachen spricht Havva mit wem am Ende der Grundschulzeit?

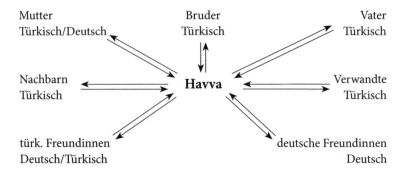

Mutter
Türkisch/Deutsch

Bruder
Türkisch

Vater
Türkisch

Nachbarn
Türkisch

Havva

Verwandte
Türkisch

türk. Freundinnen
Deutsch/Türkisch

deutsche Freundinnen
Deutsch

Lernverhalten und Lernstrategien
Havva beginnt schon in der Vorschulzeit Wörter eigenständig zu zerlegen (z. B. *Him Him Himmel*). Solche zerlegten Wörter singt sie auf Melodien von Kinderliedern. Durch das permanente Wiederholen beim Singen kann sie sich diese Wörter gut einprägen. Gehörtes spricht sie gerne und unaufgefordert nach. Das gilt auch dann, wenn ihr vorgelesen wird.

Mit dem Schuleintritt kommt Havva vermehrt mit deutschen Kindern in Kontakt, wodurch ein großer psychosozialer Druck entsteht. Sie muss versuchen, ihre sprachlichen Probleme zu kaschieren und/oder ihr Deutsch rasch zu verbessern.

Sprachliche Formeln
Diese neue Herausforderung zu bewältigen, gelingt Havva z. T. mithilfe sprachlicher Formeln, die sie nun vermehrt zu sammeln beginnt, z. B. *kann*

ich auch mal oder *ich hatte mehr.* Sie scheint zumindest während des ersten Schuljahres eine Formelsammlerin zu werden. In ihren Äußerungen tauchen mehr und mehr solcher „Fertigbauteile" (chunks) auf. Manchmal passen sie zusammen, hin und wieder erzeugen sie beim Hörer aber auch den Eindruck, dass etwas verdreht ist, wie in der folgenden Äußerung vom 09.11.2005:

Havva als Formelsammlerin

> 1016 H: *Wir müssen leider zu Hause wieder zurück.*

Teilweise kommen in Havvas Äußerungen auch vereinfachte bzw. verkürzte Formeln vor, so etwa *ich hab erste geXt* (gemeint ist: *ich hab als Erste geXt*), wobei von ihr für *X* Formen des Partizip II (z. B. *gemacht* oder *gelesen*) eingesetzt werden (09.11.2005):

> 1065 H: *ich hab erste gemacht ich hab erste gelesen*

Solche Präzisierungen zeigen, dass Havva diese Formel schon bewusst gebraucht und sie offenbar auch schon „aufgebrochen" hat, d. h., dass sie sie variieren und dem jeweiligen Bedarf anpassen kann.

Daneben finden wir aber auch verkürzte Formeln, die nicht variiert werden, wie *jetzt fertig* (statt: *jetzt bin ich fertig*), oder Formeln, die durch nominale Erweiterungen in den Ohren von deutschen Muttersprachlern als „Verdreher" erscheinen, wie folgende Äußerung am Ende des ersten Schuljahres (14.06.2006):

> 1234 H: *Kannst du heute zu uns Besuch kommen?*

Man kann solche „Verdreher" übergehen. Dann wird es bei dem geringen außerschulischen Sprachkontakt aber wahrscheinlich lange dauern, bis die Lernerin solche Abweichungen bemerkt und sie an zielsprachliche Normen anpassen kann. Besser wäre es, solche „Verdreher" zu sammeln, bewusstzumachen und zu bearbeiten.

„Verdreher" bewusstmachen und bearbeiten

Selbststeuerungen
Im Verlauf des ersten Schuljahres lassen sich bei Havva mehr und mehr Selbststeuerungen beobachten. Dazu gehören:
- Selbstkorrekturen,
- Nachfragen,
- Präzisierungen.

Präzisiert werden nicht nur formelhafte Äußerungen (vgl. S. 49), sondern auch spontane (nicht formelhafte) Äußerungen. Dies sind Belege für eine hohe Sensibilität in Bezug auf sprachliche Formeln sowie für Selbstkontrolle, wie im folgenden Beispiel (22.03.2006):

> 1984 H: *Gizem mach dein Hand weg*
> 1985 *sonst sehen wir das gar nicht die Bild*

Auffällig ist, dass Havva nun auch Äußerungen von Interaktionspartnern präzisiert (22.03.2006; TB = teilnehmende Beobachterin):

> 1103 TB: *ja, dann gehe ich in den Kindergarten*
> 1104 H: *in unser Kindergarten*

Noch zu entwickelnde Bereiche
Es ist zu vermuten, dass durch den vermehrten Sprachkontakt mit deutschen Kindern und den Zwang zu schneller Kommunikation in der Klasse und auf dem Pausenhof bei Havva nun auch Tendenzen zum Weglassen von Endungen entstehen, z. B. am 14.06.2006:

> 851 H: *Dilan du muss raus*
> (...)
> 1803 H: *ich glaub Polizei kommt*
> (...)
> 2009 H: *ich kann nicht schwimm*
> 2010 *und dann hab ich da gehüpf gespring*

Fossilierungen gegensteuern Hier müsste gegengesteuert werden, damit sich solche Formen nicht verfestigen (fossilieren).[6]

Probleme bereiten Havva in dieser Zeit noch Kollokationen, wie folgender Transkriptausschnitt belegt (09.11.2005):

> 166 L: *Havva, wer ist deine Freundin?*

....

6 Gegensteuern bedeutet: bewusstmachen (1) und üben (2). Zu (1): Eine erste Form könnte z. B. darin bestehen, dass das Kind beiläufig verbessert wird. Oder man bittet ein Kind, das richtig spricht, die Äußerung zu wiederholen, und fragt anschließend die Klasse, ob Unterschiede hörbar waren. Man könnte die korrekte Form an die Tafel schreiben usw. Zu (2): Man kann die Kinder lustige oder spannende (kurze) Textpassagen, in denen das Phänomen gehäuft vorkommt, schreiben lassen, möglicherweise können sie auch Texte dieser Art selbst verfassen.

167	H:	*Sevgi, Suzan, Gamze*
168	L:	*und wie sind deine Freundinnen? Wie findest du sie?*
169	H:	*schöön*

Antworten wie *schön* sollten nicht einfach unkommentiert bleiben, sondern bewusstgemacht und bearbeitet werden. Allerdings kann dies nicht in einer solchen Phase mündlicher Kommunikation geschehen, die dem Thema Freundschaft gewidmet ist. Es müsste dafür vielmehr eine eigene Unterrichtseinheit konzipiert werden.

Positive Auswirkungen von Havvas Zweisprachigkeit zeigen sich, wenn sie sich über die Artikulation anderer Sprecher äußert. So meint sie am 22.02.2006 über die Aussprache eines türkischen Namens durch Deutsche:

| 833 | H: | *die em Deutschen können nicht Reyhan sagen* |
| 834 | | *die Deutschen sagen hallo Räyhaan* |

Und zur Aussprache eines Kleinkindes, das die Vokale noch nicht richtig trifft, meint sie:

| 873 | H: | *sie will stern sagen und sie sagt störn* |

In einer DaZ-Stunde im ersten Schuljahr fragt die Lehrerin die Kinder nach ihrer Moschee und danach, was man dort macht. Havva präzisiert die allgemeinen (und ungenauen) Äußerungen ihrer Mitschülerinnen und Mitschüler und übersetzt Wörter und rituelle Wendungen ins Deutsche. Offenbar verfügt sie gegenüber ihren Mitschülern über eine gewisse Autorität und weiß bereits mehr als andere zu diesen Zusammenhängen.

Das retrospektive Interview
Zum Zeitpunkt des Interviews am 16.02.2010 ist Havva zehn Jahre und sechs Monate alt. Sie hat die Grundschule erfolgreich durchlaufen und geht nun auf die Realschule. Ihre im Folgenden zitierten Äußerungen zeigen, wie weit ihre Deutschkenntnisse inzwischen entwickelt sind.

Nach ihrer Grundschulzeit gefragt, antwortet Havva lapidar: *War schön.* Sie erinnert sich daran, dass am Anfang viel gesungen wurde und dass sie Theater spielen durften. Beides hat ihr sehr gefallen. Besonders an eine Klassenfahrt denkt sie gerne zurück. Allerdings hätte es Probleme mit den Jungen gegeben: *Die haben immer in unsere Betten Juckpulver geschmissen.*

Und das war voll eklig. In guter Erinnerung hat Havva auch den Schwimmunterricht und *dass meine Klassenkameraden immer nett zu mir waren, und meine Lehrerin war auch nett.*

Als ihre Lieblingsfächer bezeichnet Havva *Sport, Kunst, Musik und Deutsch.* Am liebsten hat sie Deutsch gehabt. Benotet wurden ihre Leistungen in diesem Fach durchgängig mit der Note Drei. Auf die Frage, was in der Grundschule schwierig war, antwortet sie: *Mathematik.* Später erläutert sie, dass im Mathematikunterricht oft unklare Aufgaben gestellt wurden: *Und danach wussten wir nicht, was wir machen sollten.* In diesem Fach wurden auch die meisten Hausaufgaben aufgegeben. *Da hatten wir immer Schwierigkeiten.*[7]

Gefragt, von wem und wie sie Deutsch gelernt habe, antwortet das Mädchen nach kurzem Überlegen: *Von meiner Mutter (kurze Pause), von dir.*[8] *Und von meiner Lehrerin.*

Ihre Deutschkenntnisse bezeichnet Havva als *normal* und erläutert dies so: *weil ich immer manchmal Grammatikfehler hab (…) bei der die das.* Um diese Mängel zu beseitigen, hätten ihr ihre Eltern gesagt, dass *ich DaZ machen soll, weil meine Grammatik schlecht war. Und davon hab ich mich ein bisschen verbessert.* Im DaZ-Unterricht, den Havva in der dritten und vierten Klasse besuchte, wurden ihren Aussagen nach stets Zuordnungsaufgaben gestellt: *Wir haben immer der die das die Artikel genommen.* Später wurden auch Umformungsübungen gemacht: *Und danach sollten wir immer die Vergangenheit davon sagen.*

In Interaktions-
zusammenhängen
oder anhand von
Texten üben

Der Nutzen solcher Übungen darf angezweifelt werden, weil darin zum einen von (Interaktions)Kontexten losgelöste Wörter oder Sätze wiederholt werden, ohne dass die Lerner die Absicht haben, diese in ihren Äußerungen zu verwenden (sogenannte Pattern-Drills). Das begünstigt mechanische Wiederholungen, die abgearbeitet werden können, ohne Spuren im Gedächtnis zu hinterlassen. Zum anderen ist die Regelhaftigkeit bestimmter grammatischer Phänomene (z. B. Genus- oder Kasuszuweisung) äußerst komplex und lässt sich kaum auf diese Weise vermitteln. Sinnvoller wäre es, gemeinsam mit den Kindern Wörter (Substantive) zu sammeln und diese später in kleine Geschichten, Anekdoten oder Witze eingebettet zu präsen-

7 Die Mutter kritisierte in ihrem Interview, dass jedes Jahr der Mathematikunterricht von einer neuen Lehrkraft erteilt wurde.
8 Die Interviewerin hat im Kieler Modell regelmäßig einen Vormittag in der Woche im Kindergarten verbracht und in dieser Zeit vorgelesen und mit den Kindern gespielt. Sie hat auch mehrere Hausbesuche bei den Familien der Kinder gemacht und ist den Familien daher gut bekannt.

tieren. Solche Texte können in gewissen Abständen wiederholt werden. Darüber prägen sich die Kinder Muster wie *das Auto, der Unfall* usw. ein.

Ein Kriterium für die auszuwählenden Wörter sollte ihre Gebrauchshäufigkeit sein. PREGEL/RICKHEIT (1987) listen in ihrem Wortschatz im Grundschulalter 1.240 Substantive für das erste Schuljahr auf und geben jeweils ihre absolute und relative Häufigkeit an. Für einen Einstieg zu Beginn des ersten Schuljahrs geeignet wären z. B. die besonders häufigen Substantive *Arzt, Ast, Auge, Auto, Backe, Ball, Bauch, Baum.* Solche Wörter sollten allen Kindern geläufig sein. Vielleicht werden einige davon sogar schon intuitiv mit der richtigen Genusform versehen. Auf dieser Grundlage ließe sich dann auch die Genuszuordnung bei Komposita wie *Autobahn, Autofahrer* oder *Autounfall* klären (vgl. *das Auto* aber *die Autobahn* und *der Autofahrer*).

Gebrauchshäufigkeit der Wörter als Übungskriterium

Wie ist Havva mit ihren sprachlichen Schwierigkeiten umgegangen? Einerseits hat sie zu Hause im Wörterbuch nachgeschlagen, *ob ich die* (Genusformen) *richtig hatte.* Zusätzlich hat ihre Mutter sie abgefragt: *hatte mich immer die Wörter gefragt, und ich musste der die das sagen.* Sie hat also viel mit ihrer Mutter geübt. Und was hat besonderen Spaß gemacht? *Was ich sehr leicht konnte.*

Zum Thema Lerntechniken erzählt Havva: *Ich hab immer die leichtesten* (Aufgaben) *gemacht und die schwierigsten hab ich immer zuletzt gemacht.* Nachgeschlagen habe sie eher selten, müsse das aber jetzt (in der Realschule) vermehrt tun. Sie habe auch mit farbigen Unterstreichungen gearbeitet, z. B. Substantive blau unterstrichen. Vor allem aber habe sie *geübt, geübt, geübt,* (…) *das zehntausendmal durchgelesen.* Und Texte habe sie auswendig gelernt und von der Mutter abfragen lassen.

In der Klasse waren Wörter-Karteikarten eingeführt worden, die auch zu Hause bearbeitet werden sollten. Das hat aber offenbar nicht funktioniert. Dagegen hat Havva einen Ordner (mit einem Blatt mit Aufgaben für jeden Tag) bearbeitet: *Wir hatten so 'n Ordner und da warn zehn Zettel drin, die wir jeden Tag bearbeiten sollten, und nach zwei Wochen sollten wir es abgeben.* Zwar wurden oft Blätter vertauscht, dennoch hat die Bearbeitung dem Mädchen Spaß gemacht.

Was hat Havva gemacht, wenn sie etwas nicht verstanden hat? In der Schule fragte sie eine ihrer Mitschülerinnen und, wenn die ihr nicht helfen konnte, die Lehrerin. Zu Hause fragte sie ihre Mutter, wenn die es nicht wusste, den Vater, und als letzte Möglichkeit wurde im Wörterbuch nachgeschlagen. Manchmal suchte das Mädchen auch bei Nachbarn Hilfe, in deren Familien ältere Kinder waren.

Während Havva sich in der Vorschulzeit Bücher aus der Stadtteilbücherei ausgeliehen hat, geht sie jetzt nur noch ab und zu dorthin, *weil ich in der Schule eine Riesenbücherei habe und da ganz schön viele Bücher ausleihe, hier mit nach Hause bringe und die lese.*

Wo und wann spricht Havva Deutsch? Antwort: *Im Bus (…) mit meiner Mutter. Mit deutschen Freundinnen.* Mit türkischen Freundinnen sprach sie früher meist Türkisch, in letzter Zeit kommunizieren sie aber auch auf Deutsch. Mit ihrem Vater und dem jüngeren Bruder spricht sie ausschließlich Türkisch.

Wie schätzt Havva ihre Türkischkenntnisse ein? *Normal. Also nicht richtig gut und auch nicht schlecht, also mittel.* Aber anders als im Deutschen bereitet ihr das Lesen im Türkischen Schwierigkeiten, *weil ich nicht öfters Türkisch lese.* Ihr Türkisch verdankt sie dem Vater: *Der hat's mir beigebracht. Er hat mir immer Geschichten gelesen auf Türkisch.* Außerdem hat Havva eine Zeitlang den muttersprachlichen Unterricht besucht, zwei Stunden pro Woche. Sie besitzt auch einige türkische Bücher (z. B. „Aschenputtel", „Dornröschen", „Das Geheimnis der Prinzessinnen", „Gullivers Reisen" usw.), die sie unter ihrem Bett aufbewahrt.

Gefragt, ob sie Bücher auch zwei- oder dreimal lese, antwortet Havva: *„Lena in der neuen Schule" und „Nio mein Nio", das ist so ein dickes Buch, hab ich zwei-, dreimal durchgelesen.* Die Mutter ergänzt, dass sie im Moment Hundebücher liest. *Ja, weil ich ein Referat darüber halten muss.*

Havva besuchte eine Zeitlang die Moschee und lernte dort auch den Koran. Aber jetzt geht sie Basketball spielen und bereitet sich auf ein Turnier vor.

Während sich in der Anfangszeit der Grundschule ihre Mitschüler nicht für Havvas Zweisprachigkeit interessierten, *finden die das inzwischen cool.* Manche, so berichtet sie, wollen sogar türkische Wörter lernen. Und wie ist das mit Englisch? Das lernt sie seit der dritten Klasse. Türkisch hilft ihr dabei *nicht wirklich.* Und während Zübeyde die Verbindung zwischen dem Englischen und dem Deutschen selbst herstellt, ist diese Havva bisher offenbar nicht aufgefallen.

Rückblickend sagt Havva, dass ihre Klassenlehrerin ihr besonders gefallen habe, *weil sie uns nie angeschrien hat und mit uns immer was Nettes gemacht hat.* Weniger gefallen hat ihr, dass sie Hausaufgaben aufbekommen haben. Über ihre Klasse sagt das Mädchen abschließend noch, dass sie zwanzig Schüler waren, von denen neun Deutsch nicht als Erstsprache gesprochen haben.

Sichtweisen von Havvas Eltern

Das Interview fand am 16.02.2010 in der Wohnung der Familie statt. Es wurde von einer bilingualen türkisch-deutschen Person durchgeführt, die der Familie aus dem Kontext des Kieler Modells seit mehreren Jahren bekannt und vertraut ist. Anwesend waren neben Havvas Mutter der Vater, der jüngere Bruder (sieben Jahre) und Havva selbst.

Die Eltern haben das Gespräch zum Teil auf Deutsch und zum Teil auf Türkisch geführt. Vor allem der Vater äußerte sich fast ausschließlich auf Türkisch.

Das retrospektive Interview

Auf die Frage nach Erfahrungen mit der Grundschule antwortet die Mutter, dass ihre Tochter dort keine Probleme hatte. Sie habe sich auf die Einschulung *sehr gefreut* und sei gerne in die Grundschule gegangen, weil sie dort Lesen, Schreiben und Rechnen gelernt habe. Das sei zwar anstrengend gewesen, aber es habe auch Spaß gemacht. Glücklich sei Havva gewesen, *wenn sie ein Gedicht vor der Klasse frei aufsagen durfte.* Als Lieblingsfächer von Havva nennt die Mutter Sport und Kunst, worin das Mädchen jeweils eine Eins hatte. In Deutsch und Mathematik wurde Havva durchgehend mit einer Drei benotet. Bereits zu Beginn der Grundschulzeit ließ sich die Mutter in den Elternbeirat der Schule wählen, eine Funktion, in der sie zwei Jahre lang auch Ansprechpartnerin für deutsche Eltern war.

Über die häusliche Betreuung berichtet die Mutter Folgendes: *Immer, wenn sie nach Hause kam, war ich für sie da.* Das Anfertigen der Hausaufgaben wurde von der Mutter beaufsichtigt und, falls nötig, wurde dabei auch geholfen. So hat die Tochter z. B. schriftlich gerechnet und die Mutter hat im Kopf mitgerechnet. Auch hat sie mit ihrer Tochter viel Lesen geübt. Auf die Nachfrage, ob auch vorgelesen wurde, antwortet die Mutter: *Dafür gab es feste Zeiten. Drei- bis viermal in der Woche wurde dem Kind auf Deutsch eine halbe Stunde vorgelesen.*

In schwierigen Fällen, wenn die Mutter unsicher war oder nicht weiterwusste, hat sie – gemeinsam mit der Tochter – im Wörterbuch nachgeschlagen, z. B. wegen der Groß- und Kleinschreibung, oder – etwa in Mathematik – den Vater gefragt. Ansonsten hat sie darauf geachtet, dass Havva eigenständig die richtigen Lösungen erarbeitet. Wenn Havva beim Rechnen ein falsches Ergebnis hatte, wurde ihr nicht die richtige Lösung gesagt, sondern sie wurde aufgefordert, nochmals zu rechnen. Probleme hatte Havva, wenn ihre deutsche Freundin eine Eins bekam und sie nur eine Zwei. *Wenn die andere angegeben hat, also da war sie richtig bisschen traurig.*

Ihre Freizeit verbrachte Havva meist mit einer deutschen Freundin, zuweilen aber auch mit türkischen Freundinnen aus der Kindergartenzeit, mit denen sie in den ersten Jahren noch Türkisch sprach. Gegen Ende der Grundschulzeit wurde aber auch mit diesen Freundinnen, wie bereits erwähnt, mehr und mehr Deutsch gesprochen, teilweise auch ein Mix aus Deutsch und Türkisch.

Gefragt, wie Havva Deutsch gelernt hat, antwortet die Mutter: *in der Schule und beim Hausaufgabenmachen mit mir*. Denn dabei hat die Mutter immer Deutsch geredet.

Zwischenbemerkung: Die Sprachförderung in der Vorschulzeit wurde von der Mutter übergangen, obwohl gerade im Rahmen dieser Förderung auch die Eltern weitergebildet wurden und lernten, welche Bedeutung der Erstsprache beim Zweitspracherwerb zukommt und warum es wichtig ist, Kindern vorzulesen. Am Anfang der Kindergartenzeit wurde in der Familie nicht vorgelesen. Das Vorlesen war also eine Konsequenz der Weiterbildung.

Nach Meinung der Mutter kann Havva gut Deutsch, weil sie ihr viele praktische Tätigkeiten beigebracht und dabei Deutsch gesprochen hat, z. B. backen oder kochen. Auf die Frage, ob sie immer auf Deutsch vorgelesen habe, antwortete die Mutter: *Ja, ja, viel gelesen, viel gekocht*. Die Mutter hat aber nicht nur ihrer Tochter vorgelesen und mit ihr (auf Deutsch) gekocht, sie erzählt weiter: *wenn sie im Sportverein sind, dass ich immer dabei bin, dass ich die immer unterstützt habe, dass ich immer für die da bin*.

Die Klassenlehrerin wird von der Mutter mehrmals lobend erwähnt. Andere Lehrkräfte werden dagegen eher kritisch gesehen: *dass ausländische Kinder (…) dass sie immer mit der deutschen Sprache Schwierigkeiten haben. (…) Die Lehrkräfte haben diese Schwierigkeiten. Das nehmen die nie auf ihre Kappe, sind immer die Kinder* (schuld). Etwas später wird sie noch deutlicher: *Sie* (diese Lehrerin) *fand immer, dass ihr* (Havvas) *Deutsch immer zu wenig war*. Die Mutter berichtet, dass sie die betreffende Lehrerin darauf hingewiesen habe, dass das Kind mit zwei Sprachen aufwächst. Das hat diese aber nicht beeindruckt. Im Gegenteil, sie empfahl: *Ich soll nur mit ihr Deutsch sprechen in der ganzen Familie*. Etwas später ergänzt sie, dass die Lehrerin sagte, *dass sie* (Havva) *mit Deutsch große Probleme hat. Ich hab aber keine Probleme gesehen*. Zwar habe Havva beim Schreiben von Aufsätzen Schwierigkeiten mit der Zeichensetzung gehabt. Doch das hielt die Mutter für *nicht so schlimm*. Einen weiteren Kritikpunkt formuliert die Mutter so: *Nicht gut gefallen* hat ihr, dass Havva in der Grundschule *jedes*

Jahr eine neue Mathelehrerin bekommen hat. Und dass es Lehrkräfte gab, die fanden, *dass ihr* (Havvas) *Deutsch immer zu wenig war.* Aber wenn man sie fragte, was Havva nicht könne, konnten sie das nicht sagen. Dagegen lobt die Mutter die Klassenlehrerin. *Sie war nett. Man konnte mit ihr reden auch über Probleme.* Und etwas später ergänzt sie noch: *Sie war eine Superlehrerin.*

In der dritten und vierten Klasse besuchte Havva einmal in der Woche eine DaZ-Förderstunde. Ein Teil dieser Förderstunden, der im Rahmen der Studie aufgezeichnet und transkribiert wurde, bestand in dem bekannten Spiel „Mein rechter Platz ist leer …" (ein Spiel, das in diesen Jahrgangsstufen allerdings kaum mehr angemessen ist).

Ab der vierten Klasse bekam Havva zweimal in der Woche Nachhilfe, jeweils eine Stunde. Und sie wurde (so die Mutter) dazu angehalten, *zu Hause viel zu üben, um Schwierigkeiten zu überwinden.*

Wann spricht Havva Deutsch? Die Antwort der Mutter auf diese Frage lautete: *in der Schule, beim Einkaufen und mit ihrer deutschen Freundin.* Mit der Mutter spricht sie gemischt, mal Deutsch, mal Türkisch. Wenn sie jedoch Hausaufgaben macht, spricht sie mit der Mutter nur Deutsch, mit dem Vater hingegen ausschließlich Türkisch.

Das Freizeitverhalten von Havva hat sich in letzter Zeit verändert. *Es gibt keine Besuche mehr, die chatten nur noch. Die chatten zu dritt oder zu viert,* so die Mutter.

Gefragt nach der Entwicklung der Erstsprache Türkisch, berichtet die Mutter, dass Havva immer noch viele Kontakte mit türkischen Freundinnen und mit *Cousins in der Türkei* habe. Mit den türkischen Freundinnen spreche sie inzwischen aber *immer zwischendurch Türkisch und Deutsch.* Die Sprachenwahl von Havva hängt nach den Beobachtungen der Mutter davon ab, wer ihr Gesprächspartner ist. Wenn sie Besuch haben, der Türkisch spricht, spricht Havva Türkisch, wenn der Besuch Deutsch spricht, *passt sie sich an.* Ihre Erstsprache (Türkisch) verwendet sie auch in schriftlicher Form, *wenn sie im Internet ist und mit ihren Cousinen aus der Türkei chattet, dann schreiben sie sich gegenseitig.* Der Vater berichtet, dass Havva häufig eine türkische Internetseite besucht, auf der es Kinder- und Intelligenzspiele gibt. Dort interessiere sie besonders *Anziehen und Schminken,* aber auch *Design und Musik* (…) *Sie interessiert sich unglaublich viel für Musik,* so der Vater.[9]

Auf die Frage, welche Sprache Havva besser könne, antwortet die Mutter: *eigentlich beide.* Und der Vater ergänzt: *Aber Deutsch kann sie meiner*

. . . .
9 Die zitierten Äußerungen wurden aus dem Türkischen übersetzt.

Meinung nach besser. Er begründet seine Auffassung damit, dass sie z. B. bei Nachrichten häufig nach Wörtern frage. *Es gibt viele Wörter im Türkischen, die sie nicht kennt.* Lesen tut Havva sowohl deutsche als auch türkische Bücher, allerdings keine türkischen Sachbücher.

Havvas Englischkenntnisse schätzt die Mutter *mittelmäßig* ein. Das liege aber auch daran, *dass sie nicht so häufig Englisch hat.* Über das Englischlernen berichtet die Mutter Folgendes: *Sie liest Texte paar Mal ab und dann sagt sie auswendig und ich korrigier, ob sie das auch richtig gemacht hat.* Schwierige Wörter schreibt Havva mehrmals auf, um sie sich einzuprägen.

Erfolg hatte Havva in jüngster Zeit *im Nawi* (Naturwissenschaften), *wenn sie Referate vortragen durfte,* so die Mutter. Dafür recherchiert sie gründlich im Internet, *druckt sich alles aus* und wurde auch gut benotet, z. B. *mit einem Referat über Hunde.* Dadurch scheint sich auch die Stellung von Havva in der Klasse verändert zu haben. Ihre Mutter berichtet von vielen Anrufen deutscher Mitschülerinnen, die nun mit ihrer Tochter zusammen ein Referat machen wollen. *Aber Havva hat ihr Team schon gebildet.* Und der Vater ergänzt nicht ohne Stolz: *mit zwei deutschen Mädchen.*

Sprachlernbiografie Zübeyde

Das Mädchen Zübeyde wurde im Januar 1999 in Deutschland geboren und besuchte wie Havva seit November 2002 einen Kindergarten in einer norddeutschen Großstadt. In der Kindergartengruppe gab es nur noch Kinder mit Migrationshintergrund. Damals verfügte Zübeyde noch über keine Deutschkenntnisse. Zweieinhalb Jahre lang erhielten die Kinder dieser Gruppe eine spezielle, für sie entwickelte sprachliche Förderung (vgl. Apeltauer 2007a).

Zübeydes Familie

Zübeydes Mutter kam mit neun Jahren nach Deutschland und machte hier den Hauptschulabschluss. Über ihre Deutschkenntnisse wissen wir nichts. Auch über berufliche Tätigkeiten ist nichts bekannt.

Der Vater wurde in Deutschland geboren und lebte hier bis zu seinem vierten Lebensjahr. Dann kehrte er mit seinen Eltern in die Türkei zurück. Erst mit 16 Jahren kam er wieder nach Deutschland. Er hat hier den Hauptschulabschluss gemacht und anschließend eine Kfz-Lehre absolviert. Heute arbeitet er als Schlosser. Von ihm wissen wir, dass er gut Deutsch spricht. Vermutlich wegen der Mutter und der intensiven Beziehungen zu den

Familien väterlicher- und mütterlicherseits (es gibt zahlreiche gegenseitige Besuche), ist die Familiensprache Türkisch. Dennoch halten Zübeydes Eltern es für wichtig, dass das Mädchen Deutsch lernt, weil es hier lebt und zurechtkommen soll.

Zübeyde hat, als sie in die Schule eintritt, eine neun Monate alte Schwester.

Zübeydes Persönlichkeit

Zübeyde ist ein offenes, fröhliches und kontaktfreudiges Mädchen, das gerne auf andere zugeht und Interaktionen eröffnet. Die Erzieherinnen berichten, dass sie kompromissbereit und nicht nachtragend ist. Sie trägt ihr Herz auf der Zunge und geht äußerst großzügig mit eigenen sprachlichen Fehlern um. Anfangs wird sie zornig, wenn sie wegen ihrer Sprache nicht verstanden wird. Doch ab dem dritten Monat im Kindergarten zeigt sie ein zunehmendes Interesse an der deutschen Sprache und bemüht sich, diese zu lernen.

Zübeydes Spielgefährten leben in der türkischen Nachbarschaft. Das Mädchen spielt gerne draußen, mag Bauchtanz und Puzzeln. Weitere Hobbys waren in der Zeit vor dem Kindergartenbesuch Musik hören und Fernsehen. In der Kindergartenzeit kommen Malen und Basteln hinzu. Außerdem liebt Zübeyde es, sich zu verkleiden und Theater zu spielen.

Zübeydes Erstsprache Türkisch

Bereits zu Beginn der Kindergartenzeit spricht Zübeyde ein verständliches und gutes (altersgemäßes) Türkisch. Wenn sie etwas auf Türkisch erzählt, kann man erkennen, dass sie schon über einen umfangreichen Wortschatz verfügt und längere und komplexe Sätze zu bilden vermag.

Die Entwicklung der Zweitsprache Deutsch

Welche Sprachen spricht Zübeyde mit wem zu Beginn ihres Deutscherwerbs (Kindergarten)?

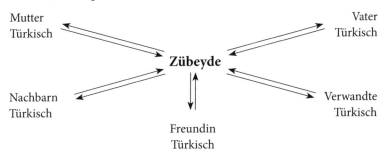

Ähnlich wie Havva hat auch Zübeyde anfangs Probleme mit der Aussprache des Deutschen. Zungenbrecher sind für sie Konsonantenhäufungen am Wortanfang (z. B. *Strumpf*). Auch kommt es zu Verwechslungen von l und r. Ebenso werden Laute, die es im Türkischen nicht gibt, durch andere Laute ersetzt (z. B. ich- und ach-Laut durch den sch-Laut, d. h. *möschte* statt *möchte*).

Zu Beginn ihrer Schulzeit kann Zübeyde schon flüssig Deutsch sprechen.

Wortschatz

Zübeydes Wortschatz ist umfangreich, ihre Bedürfnisse kann sie mühelos ausdrücken. Wenn sie aber über ihr unbekannte (oder wenig vertraute) Sprachdomänen (d. h. Themen, Situationen und/oder Rollen) reden soll, so bereitet ihr das Schwierigkeiten. Die Lehrerin registriert Ausdrucksprobleme und Wortschatzlücken, die an Formulierungen (z. B. *und Dings*) oder Nachfragen (z. B. *wie heißt das von Deutsch?*) erkennbar sind.

Insgesamt werden von Zübeyde Formeln erheblich weniger gebraucht als von Havva. Zübeyde ist dagegen eher eine Wörtersammlerin, doch auch bei ihr sind bestimmte sprachliche Formeln (auch in verkürzter Form) erkennbar (26.10.2005):

275	Z:	*wir ham schon* (wir haben das schon gemacht)
(…)		
452	Z:	*ich bin alles fertig*

Auffällig ist, dass Zübeyde am Ende des Schuljahres (am 28.06.2006) Wörter in einem Gedicht „verwandelt". Es ist zu vermuten, dass diese nicht ausreichend erklärt wurden, denn sonst hätte das Kind kaum diese Abwandlungen vorgenommen.

Nicht geklärte Wörter werden abgewandelt

1355	Z:	*Kinder ist das heute heiß* …
(…)		
1358		*darum nicht lang gewackelt* (gefackelt)
(…)		
1362		*sonnenscheint und wasserplatschen* (plantschen)

Ein Zeichen für intensiven deutschen Sprachgebrauch und für ihre sprachliche Entwicklung sind erste Modalpartikel (z. B. *schon, mal*), die nun in Zübeydes Lernersprache auftauchen und die über Formeln erworben werden (z. B. *guck mal*).

Syntax

Im syntaktischen Bereich hat Zübeyde bereits die Inversion automatisiert und bei den Nebensätzen wird die Verb-Endstellung schon meist korrekt gebraucht (Febr. 2006):

1070	Z:	*wenn ich groß bin*
1071		*dann werd ich da hingehen*

Die Konstruktion Modalverb mit Infinitiv beherrscht Zübeyde ebenfalls. Allerdings werden noch nicht alle Modalverben gebraucht (dokumentiert sind *mögen, wollen, können* und *dürfen*).

Die Personalformen der Verben verwendet Zübeyde korrekt, ebenso beherrscht sie die Partizip-Perfekt-Formen bei den geläufigen Verben. Neben Präsens und Perfekt tauchen zu Schulbeginn auch schon erste Imperfektformen und – im Rahmen von Formeln (z. B. *wir hatten ...*) – auch Plusquamperfekt-Formen auf. In der zweiten Hälfte des ersten Schuljahres erscheinen zudem erste Konjunktivformen (z. B. *Ja, ich könnte das auch rosa machen*).

Zübeydes sprachliches Wachstum wird in dieser Zeit einerseits an der syntaktischen Entwicklung (z. B. an der Bewältigung der Verb-Endstellung) erkennbar, andererseits aber auch an der Verwendung von Konjunktionen, die wiederum Rückschlüsse auf die syntaktische Entwicklung zulassen: Zübeyde gebraucht sowohl koordinierende (z. B. *und, aber* und *sondern*) als auch subordinierende (z. B. *weil, da, wenn ... dann*) und finale Konjunktionen (*damit, um ... zu*).

Morphologie

Funktionswörter, insbesondere **Artikel**, werden im ersten Schuljahr noch häufig ausgelassen, wie folgendes Beispiel zeigt (09.11.2005):

193	Z:	*in Pause oder in Schule oder in Kindergarten*
194		*Kinder können auch streiten*

Wenn **Pronomen** gebraucht werden, entstehen für den Zuhörer oft Referenzprobleme, weil das Mädchen falsche Genus- oder Kasusformen verwendet. Am 24.05.2005 formuliert Zübeyde etwa:

368	Z:	*Du musst suchen, wenn die* (der) *keine frau hat ...*
386		*und + sie* (er) *muss seinen Namen sagen ...*

Bis zum Ende des ersten Schuljahres finden wir Äußerungen wie:

204   Z: *und dann hab ich sie* (ihr) *geholfen.* (14.06.2006)

Auch beim Gebrauch von **Präpositionen** ist Zübeyde in vielen Fällen noch unsicher. Sie neigt zu einem übermäßigen (übergeneralisierenden) Gebrauch einzelner Präpositionen auch an Stellen, an denen andere gebraucht werden müssten (ebd.).

871   Z: *das Zwerg kommt und zauber nach seinen Wald*
872   L: *nach wohin?*
873   Z: *nach sein Wald*   → in

Interessant ist hier, dass Zübeyde offenbar schon begonnen hat, auf Endungen zu achten, wie die beiden Formulierungen (871 *nach seinen Wald* und 873 *nach sein Wald*) zeigen. Sie hat also registriert, dass es solche Unterschiede gibt, hat diese offenbar auch schon abgespeichert und muss nun noch herausfinden, wann welche Formen gebraucht werden.

Die Präposition *nach* wird von Zübeyde aber nicht nur anstelle von *in* verwendet, sondern auch im Sinne von *zu/zum*. So etwa am 21.11.2005 (*wir sagen nach diesen Kindern*) oder am 11.01.2006 (*dann werd ich nach Zahnarzt gehen*). Neben *nach* für *zu* gebraucht Zübeyde in dieser Zeit auch noch *bei* in diesem Sinne, so z. B. am 09.11.2005: *die dürfen 'haupt nicht bei uns komm.*

Korrekter Präpositionengebrauch mithilfe von festen Formeln   In Zübeydes Äußerungen gibt es zahlreiche korrekte Belege für den Gebrauch der Präpositionen *von* und *mit* (vgl. *von mir* oder *von hier; mit mir, mit dir* oder *mit uns*). Dabei ist zu vermuten, dass es sich um feste Formeln (chunks) handelt, weil auch die Kasusformen stimmen. Verwendet das Mädchen dagegen zusätzliche Possessivpronomen, so wird an den fehlenden (oder falschen) Kennzeichnungen deutlich, dass es sich um spontane Formulierungen und Problemzonen handelt:

mit seine Papagei
mit mein kleinen Schwester

Es gibt aber auch Fälle, in denen Zübeyde nach sichtlichem Nachdenken korrekte Formen (bzw. Endungen) gelingen, wie z. B. (24.05.2005):

244   Z: *Ich wollte + einen Spaziergang machen* (Endung betont)

Die Präposition *von* wird von Zübeyde auch dort eingesetzt, wo eigentlich andere Präpositionen gebraucht werden müssten, z. B.:

von die Fenster	→ aus
jeder kennt das von Kindergarten	→ in/im

Aufgrund dieser Beispiele könnte man schließen, dass Zübeyde bestimmte Präpositionen (vgl. *in/im, aus, zu*) noch nicht verwendet. Tatsächlich gibt es aber auch Belege für diese Präpositionen (z. B. *in Schule* oder *im Fernsehen*).

Teilweise beherrscht Zübeyde schon Kollokationen wie *streiten mit*. Sie verwendet aber auch Formen wie *kommen bei* statt *zu*. In der zweiten Hälfte des ersten Schuljahres gibt es sogar Doppelungen (22.03. 2006): *Von mit Regina darf ich das*, was darauf hindeutet, dass *mit X* eine Formel sein muss. Gegen Ende des ersten Schuljahres werden dann neben den lokalen auch schon vereinzelt temporale Präpositionen (vgl. *vor mir*) korrekt gebraucht.

An all diesen Beispielen wird deutlich, wie schwierig selbst einfache Raumpräpositionen für Kinder mit der Erstsprache Türkisch sind. Es empfiehlt sich daher, die häufigsten Präpositionen (*in, an, mit, zu, bei, auf, für, nach, von, aus, um, vor, hinter* usw.) mit praktischen Anweisungen und Bewegungen im Klassenzimmer oder auf dem Schulhof zu verbinden, damit Richtung oder Ort von den Kindern auch über Körperbewegungen gespeichert werden können. Wichtig ist dabei, dass jeweils nur zwei oder drei neue Präpositionen eingeführt und geübt werden. Erst wenn diese sicher beherrscht werden (d. h. automatisiert wurden), sollten weitere eingeführt werden. Zusätzlich sollte man sich nicht scheuen, während einer Übergangszeit die Bildung sprachlicher Formeln (z. B. *zu mir, in den/die* usw.) durch besonders häufige Darbietungen zu provozieren, z. B. in präparierten (witzigen) Texten oder im Rahmen von Spielen (vgl. dazu auch die Anregungen bei Asher 1977).

Empfehlungen für die Einführung und Übung von Präpositionen

Zübeydes „Verdreher"

Und wie ist es mit **„Verdrehern"** bei Zübeyde? Sie kommen vor und haben wohl zum Teil ähnliche Ursachen wie bei Havva. Es werden Formeln gebraucht und spontan ergänzt, und so entsteht der Eindruck von „Verdrehern" (am 11.01.2006):

1233	Z:	*ich will euch bald besuchen kommen*
1234		*aber ich kann nicht jetzt*

Zur selben Zeit äußert Zübeyde auch Folgendes:

61   Z: *und er gibt immer mir Spielzeug*

Hier entsteht eine Verdrehung durch das Einsetzen von *immer* in eine ansonsten korrekte Äußerung. Handelt es sich um einen Formelrahmen mit einem **slot**, d. h. einer Stelle, an der andere Wörter eingefügt werden können? Wenn *immer* nach *mir* eingesetzt worden wäre, könnte man in diese Richtung argumentieren. Statt *immer* könnte dann auch *viel* oder *schönes/großes* usw. stehen. Warum aber steht *immer* vor *mir*? Die vorhandenen Daten geben darüber leider keinen Aufschluss.

Es gibt bei Zübeyde auch „Verdreher", die in anderen Bereichen als bei Havva auftreten. Eine mögliche Ursache dafür ist, dass Zübeyde meist schnell spricht und alles möglichst gleichzeitig sagen möchte. So entstehen Äußerungen wie diese (26.10.2005):

591   Z: *das schwarze Auto war ich drin*   [Auslassung: *da*]
(…)
863   Z: *nehm mich von hier*   [Auslassung: *weg*]

Am 09.11.2005 berichtet Zübeyde über einen Streit mit anderen Kindern. Weil sie von der Auseinandersetzung noch aufgewühlt ist, lässt sie teilweise Präpositionen aus und variiert auch die Wortfolge recht willkürlich:

232   Z: *und die streiten <u>uns immer</u>*
233   L: *die streiten sich + + + mit euch?*
234   Z: *die streiten <u>immer uns</u>*
(…)
238   Z: *das Oma[10] das streitet <u>mit uns</u>*

Obwohl Zübeyde sehr erregt ist, registriert sie die indirekte Korrektur durch die Lehrkraft (233) und übernimmt die Präposition *mit* in ihre spätere Äußerung (238). Dass sie dabei von *mit euch* zu *mit uns* wechseln kann, zeigt, inwieweit sie diese Zusammenhänge schon durchschaut hat.

---

10 In dem Streit spielen auch Anwohner (ein älteres Ehepaar, das die Kinder immer wieder vom Hof jagt) eine Rolle.

Welche Sprachen spricht Zübeyde mit wem am Ende der Grundschulzeit?

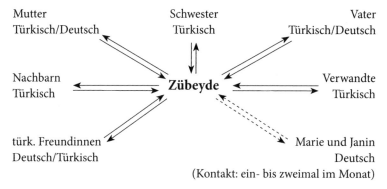

Mutter	Schwester	Vater
Türkisch/Deutsch	Türkisch	Türkisch/Deutsch

Nachbarn
Türkisch

Zübeyde

Verwandte
Türkisch

türk. Freundinnen
Deutsch/Türkisch

Marie und Janin
Deutsch
(Kontakt: ein- bis zweimal im Monat)

Lernverhalten und Lernstrategien

Zübeyde ist in der Vorschulzeit eine Wörtersammlerin. Mit Wortschatz-lücken hat sie keine Probleme, denn wenn sie ein Wort nicht weiß, erfindet sie ein neues oder verständigt sich „mit Händen und Füßen" und kommt auch so ans Ziel.

Ähnlich wie Havva singt Zübeyde gerne, und sie „erfindet" schon im Kindergarten eigene Lieder, um bestimmte Laute, Wörter oder Strukturen zu üben. Auch in der Schulanfangszeit produziert sie solche spontan (26.10.2005):

297 Z: (singt) *da da da di*
298   *da du da dam si da da loi*

Im Kindergarten wurden solche eigenen Lieder von den Erzieherinnen teil-weise aufgegriffen. Das Kind hatte dann die Möglichkeit, sich vor anderen Kindern in der Gruppe zu präsentieren (manchmal mit einem nicht ange-schlossenen Mikrofon in der Hand). Die Kinder hatten dabei viel Spaß und gebärdeten sich, zur großen Freude der Zuschauer, oft wie Fernsehstars. In der Schule werden solche spontanen Eigenproduktionen der Kinder über-gangen. Sie lassen sich daher auch immer seltener beobachten.

Mit dem Zerlegen von Wörtern in Silben beginnt Zübeyde wie Havva bereits in ihrer Kindergartenzeit. In der Schulzeit kommen spontane Wort-bildungen hinzu, teilweise auch Mischungen aus deutschen und türkischen Elementen (26.10.2005):

527 Z: *orası bana çok langweiligdi*
         (dort ist es für mich sehr langweilig)

Anders als Havva versucht Zübeyde in Interaktionen kaum, etwas Gehörtes spontan nachzusprechen. Offenbar will sie lieber selbstbestimmt und eigenständig lernen. Versuche, ihre **Lernprozesse selbst zu steuern**, finden sich schon in der Vorschulzeit in Form von Selbstkorrekturen, Nachfragen, Präzisierungen von Gesagtem u. Ä. m. Zübeyde hat schon in dieser Zeit ihre eigenen, spezifischen Lernstrategien und Lerntechniken entwickelt. Beispielsweise wurde beobachtet, wie sie eigenständig (d. h. ohne Betreuungsperson) Bilderbücher angesehen und einzelne darin abgebildete Gegenstände für sich benannt hat. Beim Abhören von Lieblingsbüchern in der Hörstation war sie hochkonzentriert und sprach halblaut mit, ohne dass sie jemand dazu aufgefordert hatte. Teilweise sang sie auch spontan mit. Offenbar tat sie das alles, um sich Wörter und Wendungen einzuprägen. Diese Techniken behielt Zübeyde auch in der Grundschule bei. Wenn die Lehrerin oder ein anderes Kind etwas vorlasen, konnte beobachtet werden, wie das Mädchen halblaut mitsprach.

Obwohl Zübeyde auf **Fremdkorrekturen** oft unwillig oder gar nicht reagiert, ist sie dennoch nicht korrekturresistent, auch wenn man zunächst diesen Eindruck gewinnen kann. So wurde in der Vorschulzeit (24.06.2004) beobachtet, dass sie im Anschluss an eine Korrektur, auf die sie mit heftiger Ablehnung reagierte, ihre eigene Übergangsform nie wieder verwendete (B = Betreuungsperson):

1	Z:	*hast du das mitgebringt?*
2	B:	*ja das hab ich* (etwas lauter) *mitgebracht*
3	Z:	*mitgebringt ne?*
4	B:	(ruhig und deutlich) *das heißt mitgebracht*
5	Z:	*nein mitgebringt* (rennt protestierend aus dem Raum)

In der Schulzeit (09.11.2005) finden sich Präzisierungen wie *ich hab wir hatten*, Selbstkorrekturen auf lexikalischer Ebene und **erweiternde Selbstkorrekturen**:

331	Z:	*… da ganz Sachen*
332		*wir haben jetzt ganz viele Sachen*
(…)		
442	Z:	*Gizem muss nach Dings hier + Zahnarzt*

Im Oktober 2005 gibt es eine Szene, in der Zübeyde nach Zucker und Salz fragt. Die Antwort, die sie erhält, ist für sie unbefriedigend. Darum rennt sie zur Lehrerin und fragt bei ihr erneut nach. Hier wird erkennbar, dass das

Kind gelernt hat, sich nicht einfach mit ungenauen Bedeutungen zufriedenzugeben – etwas, das in den vorschulischen Sprachfördermaßnahmen immer wieder bewusstgemacht und geübt worden war.

Zübeydes gutes Vokabelgedächtnis erschwert ihr offenbar das Lesenlernen. Immer wieder versucht sie im Unterricht, Wörter aufgrund von Anfangsbuchstaben zu erraten. Wenn sie falsch geraten hat, verändert sie manchmal Wörter – ähnlich, wie sie das bereits in der Vorschulzeit getan hat. Damit verfolgt sie offenbar zwei Ziele: Einerseits lenkt sie so von ihrem Fehler ab, andererseits hat sie auch Freude beim Austauschen und Abwandeln von Wörtern, wie folgender Ausschnitt aus einer Unterrichtsstunde im ersten Schuljahr zeigt (26.10.2005):

1016	Z:	*u u uta ruft + a a r a ara era era*
1017		*ey* (provozierend) *hier steht doch ara era*
1018	L:	*Zübeyde?*
1019	Z:	*u u ufa uf u ala*
1020	L:	*was steht hier?*
(…)		
1025	Z:	(liest) *u a*
1026	L:	*nein das ist nicht ua +*
1027	Z:	*ut ut*
1028	L:	*uta*
1029	Z:	*uta + uta ruft +++ ruta*
1030		*ruta + a a-r-a ara* (lacht)
(…)		
1034	Z:	*ara ruft ruft uta*
(…)		
1040	Z:	*uta tu* (lacht)

Zübeyde meldet sich im Unterricht gerne und häufig, hat allerdings ihre eigenen Vorstellungen von dem, was in solchen Situationen von ihr erwartet wird. Wenn die Lehrerin beispielsweise nach Details auf einem Bild fragt, meldet sich Zübeyde und möchte zu dem Bild etwas erzählen, so wie sie es im Kindergarten gelernt hat. Sie übergeht also die Frage der Lehrerin. Und weil diese wiederum Zübeydes Antworten als unangemessen empfindet, nimmt sie das Mädchen immer seltener dran.

Ähnlich verhält sich Zübeyde bei der Erarbeitung einer Bildergeschichte. Hier versucht sie zu erraten, wie die Geschichte weitergehen könnte. In der

Vorschulzeit haben Betreuungspersonen darauf positiv reagiert, Weiterdenken und Fabulieren waren im Kontext der Sprachförderung ein erwünschtes Verhalten. Im Schulkontext erweist sich diese Strategie jedoch als ineffektiv, weil es hier um eine genaue Bildbetrachtung und Beschreibung geht. Anders formuliert: Vorgegebene Bilder sollen genau „gelesen" und gedeutet werden. Wiederum lässt sich beobachten, wie Zübeydes Antworten von der Lehrerin registriert, aber nicht weiter kommentiert werden. Auf die unangemessene Antwort von Zübeyde hin wiederholt die Lehrerin ihre Ausgangsfrage und nimmt eine andere Schülerin dran. Später, als Zübeyde auf die Äußerung einer Mitschülerin (*wenn du* [ein Papagei] *zum* (aus dem) *Fenster fällst, dann bist du tot*) spontan dazwischenruft: *Ee der kann ja fliegen*, wird auch dieser Beitrag von der Lehrerin ignoriert.

Bildet hier die dominierende (und in diesem Kontext unangemessene) Ratestrategie des Kindes die Grundlage für seine Beurteilung durch die Lehrkraft? Hätte man das Kind durch eine Kommentierung und Bewusstmachung seines Verhaltens möglicherweise zu einer Veränderung seines Lernverhaltens, vielleicht sogar zu einem reduzierten Gebrauch der Ratestrategie anregen können?

Insgesamt kann man sagen, dass Zübeyde an der Entwicklung ihrer Zweitsprache interessiert ist, dass sie sich darin aber dennoch ungern explizit korrigieren lässt. Bei schriftlichen Arbeiten fragt sie allerdings nach, ob sie alles richtig geschrieben hat, ist also durchaus leistungsorientiert und sich auch dessen bewusst, dass sie im Deutschen noch viel dazulernen muss.

Das retrospektive Interview

Zum Zeitpunkt des Interviews am 17.02.2010 ist Zübeyde elf Jahre alt und besucht ein Gymnasium. Beim Interview sind außerdem Zübeydes Mutter, ihr Vater und die jüngere Schwester (fünf Jahre) anwesend.

Auf die Frage, woran sie sich erinnert, wenn sie an die Grundschule zurückdenkt, antwortet Zübeyde: *Das war eigentlich gut, normal, nicht schwer.* Besonders gefallen haben ihr die Lehrer und der Unterricht. Kurz: *Ich war mit alles zufrieden.*

Geärgert hat Zübeyde sich manchmal über *also nicht so richtig gute Noten.* Ihre Lieblingsfächer waren Deutsch, Mathematik und Kunst. Darin hatte sie jeweils eine Zwei. Sie erinnert sich noch, dass sie sich auf die Einschulung *richtig doll gefreut hat.*

Anders als Havva hatte Zübeyde keine Probleme mit Mathematik oder der Mathematiklehrerin.

| 74 | Z: | *In Mathe da haben wir Knobelaufgaben gemacht.* |
| 75 | | *Das hat mir richtig doll Spaß gemacht.* |

Besonders gut in Erinnerung geblieben ist ihr *meine Klassenlehrerin.* Ausgeschlossen habe sie sich während ihrer Grundschulzeit nie gefühlt. Gerne denkt sie noch an die Klassenfahrten zurück: *Das war fand ich richtig toll.* Gefragt, wie und von wem sie Deutsch gelernt habe, antwortet Zübeyde:

151	Z:	*von meinem Kindergarten son bisschen*
152		*und an der Schule hab ich am meisten gelernt von Frau B*
		(der Klassenlehrerin)

Diese Lehrerin sei total nett gewesen, und *sie hat uns auch in die richtige Tempo beigebracht den Stoff.* Sie hat auch Arbeitsblätter ausgeteilt mit den Wörtern, die man schon wissen sollte – *wie man die schreibt und so.* Diese Blätter mussten bearbeitet werden und wurden anschließend eingesammelt und korrigiert. Außerdem sei sie von Mitschülern korrigiert worden, wenn sie etwas falsch gesagt habe.

Ihre Deutschkenntnisse schätzt Zübeyde als gut ein, wobei sie betont, dass ihr auch Bücher beim Deutschlernen geholfen haben. Später hätte sie viel von *Lernbüchern* (sie werden an anderer Stelle *Wortschatzbücher* genannt) gelernt, in denen z.B. Genusformen nachgeschlagen werden konnten.

Als ihr Hauptproblem beim Deutschlernen bezeichnet Zübeyde die *Artikel.* Die hätten sie auch in den DaZ-Förderstunden, die sie in den letzten beiden Schuljahren besucht habe, viel geübt. Und dann habe es noch so eine Lernkiste gegeben mit Karteikarten:

211	Z:	*Da sind Karteikarten drinne wo man üben soll*
212		*also man schreibt so* (unverständlich)
213		*und dann kommt der in die zweite*
214		*wenn es richtig ist.*

Anhand der Rückseiten dieser Karteikarten konnten die Kinder die eigenen Lösungen überprüfen.

Zübeyde leiht gern Bücher aus, kauft sie inzwischen aber auch häufig selbst.

Wann spricht Zübeyde Deutsch? In der Schule und *mit meinen Freundinnen.* Gefragt, wie sie am besten lernt, antwortet sie:

| 290 | Z: | *also meine Mutter fragt mich manchmal ab* |
| 291 | | *und dann sag ich, ob das z. B. der ist oder so* |

Wenn sie etwas nicht versteht, fragt Zübeyde *zuerst meine Freundin, dann frag ich meine Lehrerin.* Zu Hause habe sie ein Wörterbuch. Aber nachgeschlagen habe sie nicht oft, *weil ich das nicht so viel gebraucht hab. Jetzt brauch ich das natürlich noch mehr.* Auf die Frage, was genau sie im Wörterbuch nachgeschlagen habe, antwortet Zübeyde: *was es bedeutet (...) wenn ich den Artikel mal nicht weiß (...) und da steht ja auch die Mehrzahl.*

Nach ihren Türkischkenntnissen gefragt, antwortet Zübeyde: *Eigentlich gut.* Sie kann türkische Texte lesen und schreiben. Das führt die Mutter darauf zurück, dass Zübeyde (wie auch Havva), als sie acht Jahre alt war, den muttersprachlichen Unterricht[11] besucht hat. Auf die Nachfrage, was für sie im Türkischen schwierig sei, antwortet Zübeyde: *die Rechtschreibung.*

Gefragt, welche Sprache sie besser könne, sagt Zübeyde: *Eigentlich beide (...) Natürlich kann ich Türkisch noch besser – bisschen, weil im Deutschen diese Artikelschwierigkeiten hab.* Auf die Frage nach türkischen Büchern antwortet sie: *Märchenbuch.* Sachbücher auf Türkisch gibt es in der Familie nicht, das Mädchen liest überwiegend deutsche Bücher.

| 478 | Z: | *„Conny und die Austauschschülerin" hab ich zweimal gelesen.* |
| 479 | | *Und „Die Zahnspangenjagd" hab ich zweimal gelesen.* |

Mit ihrer dritten Sprache (Englisch) hat Zübeyde im dritten Schuljahr begonnen. Englisch kann sie daher noch nicht so gut, meint sie. Aber sie betont:

| 514 | Z: | *also das hat mir richtig viel Spaß gemacht* |
| 515 | | *noch eine andre Sprache kennenlernen* |

Aufgefallen ist Zübeyde, dass es Ähnlichkeiten zwischen Deutsch und Englisch gibt. *Ein paar Wörter gibt's, die gleich sind, nur anders ausgesprochen.* Vokabeln lernt sie durch wiederholtes Aufschreiben. *Was wir gerade lernen, schreib ich immer wieder auf.* Und bei unbekannten englischen Wörtern? *Da guck ich im Internet nach, z. B. Leo-Wörterbuch. Da steht's einmal auf Deutsch und einmal auf Englisch.*

---

11 Muttersprachlicher Unterricht ist (in diesem Fall) zusätzlicher Türkischunterricht, der von türkischen Lehrkräften erteilt wird. Diese Lehrkräfte sind entweder Angestellte eines Landes (wie in NRW) oder befristet eingesetzte Lehrkräfte des türkischen Konsulats.

Die Auffassung der Lehrerin, dass ein gewisser Druck vonseiten der Eltern bestanden habe, bestätigt Zübeyde auf Nachfragen der Interviewerin. Schulische Leistungen seien für ihre Eltern wichtig. Darum hätten die Eltern bei Hausaufgaben *manchmal* geholfen oder sie *abgefragt*. Vorgelesen wurde in der Familie aber nicht.

Sichtweisen von Zübeydes Eltern

In der türkischen Gemeinde ist die Auffassung verbreitet, dass türkische Kinder in der Schule zu wenig Hilfe erhalten und deshalb zu oft an Hauptschulen verwiesen werden. Darum werden sie teilweise zum Schulbesuch in die Türkei zurückgeschickt. Auch Zübeydes Eltern standen und stehen der deutschen Schule eher skeptisch gegenüber.

Das retrospektive Interview
Das Gespräch fand am 17.02.2010 in der Wohnung der Familie statt. Anwesend waren der Vater, die Mutter, die beiden Kinder sowie eine türkische (bilinguale) Interviewerin.

Erfahrungen mit der Grundschule
Eröffnet wurde das Interview mit einer Frage an die Mutter über ihre Erfahrungen während der Grundschulzeit der Tochter. Die Antwort fokussiert vor allem zwei Dinge:
- **Problemloser Verlauf:** *Es gab in der Schule keine Probleme.* Doch was genau meint die Mutter mit „keine Probleme"? Im weiteren Verlauf des Gesprächs zeigt sich, dass sie damit *gleichbleibend gute Noten* meint. Sie verweist darauf, dass das Kind meist eine Zwei hatte, einmal eine Eins und einmal eine Drei. In letzterem Falle hat die Mutter gleich bei der Lehrerin angerufen und wollte wissen, woran es gelegen haben könnte.
- **Hausaufgaben:** *Die Hausaufgaben hat sie meist allein gemacht.*

Diese Aussagen werden im Gespräch mehrfach wiederholt, sozusagen zur Bekräftigung. Stolz erzählt die Mutter aber auch davon, dass zu Hause für eine gute Note oft über mehrere Tage geübt worden sei. Die Elternmotivation war folglich hoch, was auch bei der Tochter zu einer hohen Motivation und Leistungsbereitschaft geführt hat.

Welche Rolle spielt die Mutter während der Grundschulzeit?
Wir erfahren, dass die Mutter *immer da war*, wenn Zübeyde nach Hause kam. Brauchte das Kind bei den Hausaufgaben Hilfe, war sie ebenfalls zur Stelle. Außerdem betont die Mutter, dass sie Elternabende nie verpasst habe: *Wenn was in der Schule war, war ich eigentlich immer da.*

Auffallend an dem obigen Zitat zu den Elternabenden ist der Gebrauch des Personalpronomens *ich*, denn der Vater sitzt mit im Raum. Wenn die Mutter dennoch *ich* sagt, so kann man daraus schließen, dass Erziehung in dieser Familie vor allem ihre Sache war und ist. Sie scheint diese erzieherische Aufgabe sehr ernst zu nehmen, was daran erkennbar ist, dass sie – wie anhand ihrer im Folgenden aufgeführten Äußerungen – meist stärker differenziert als der Vater.

Zübeydes Türkisch- und Deutschkenntnisse im Vergleich
Während der Vater die Türkischkenntnisse der Tochter pauschal als *sehr gut* bezeichnet, schränkt die Mutter ein: *Also beim Schreiben* (im Türkischen) *nicht so*. Und auf die Frage, welche Sprache ihr Kind besser sprechen könne, antworten die Eltern:

445	M:	*Also ich denke mal in Deutsch hat sie mehr*
446		*auch wenn es nicht reichlich ist +*
447		*das ist mehr*
448	V:	*was mehr?*
449	M:	*deutsche Sprache.*
450	V:	*kann sie besser?*
451	M:	*ja, weil da kann sie lesen und schreiben*
452		(unverständlich) *natürlich hat sie Probleme*
453		*weil deutsche Sprache ist ja schon schwieriger*
454		*als die türkische Sprache.*

Zunächst betont die Mutter, dass die Tochter Deutsch wohl besser könne als Türkisch, schränkt aber zugleich ein, dass diese Kenntnisse *nicht reichlich* seien. Durch die abschließende Wiederholung der anfänglichen Aussage (*das ist mehr*) bringt sie dann noch einmal ihre Überzeugung zum Ausdruck, dass die Tochter besser Deutsch als Türkisch könne. Unklar bleibt allerdings, wann, wo und in welcher Form sie bei ihrer Tochter Ausdrucksgrenzen (in beiden Sprachen) bemerkt hat.

Der Transkriptausschnitt zeigt, dass der Vater auf die Aussagen der Mutter zunächst nur mit Zwischenrufen (fragende Intonation, vgl. 448 und 450) reagiert. Er widerspricht nicht direkt, stellt aber die Aussagen der Mutter dennoch infrage. Damit gibt er zu erkennen, dass er die Überzeugungen der Mutter nicht teilt, vermeidet gleichzeitig aber auch eine offene Konfrontation. Auf dieses väterliche „Störfeuer" reagiert die Mutter mit einem (für sie offenbar) gewichtigen Argument: Ihre Tochter kann im Deutschen lesen und schreiben. Im Türkischen – so erfahren wir an anderer Stelle des Interviews – kann sie zwar auch lesen, aber offenbar nur mühsam, und sie kann auch nicht problemlos schreiben. Ergänzend schiebt die Mutter ein zweites Argument nach, mit dem sie die Schwierigkeiten, auf die der Vater wohl implizit anspielt, zu entkräften versucht: Deutsch ist schwieriger als Türkisch. Dies ist ihre subjektive Sicht der Dinge, ihre persönliche Erfahrung im Umgang mit der Zweitsprache Deutsch, die respektiert werden muss.

Entwicklung der Zweitsprache Deutsch

Gefragt, wann und wo ihre Tochter Deutsch gelernt habe, antwortet die Mutter: *Sie hat im Kindergarten Deutsch gelernt, und in der Grundschule hat sie es erweitert,* und sie fährt fort: *Das geht immer noch weiter. Sie ist immer noch dabei.* Die Mutter ist sich also dessen bewusst, dass die Tochter ihre Deutschkenntnisse noch erweitern muss, betont aber gleichzeitig, dass sich Zübeyde auch darum bemüht. Doch was genau meint die Mutter damit, dass die Deutschkenntnisse der Tochter zwar gut, aber nicht *reichlich* seien (vgl. S. 72)? Damit dürfte sie u. a. auf die sprachliche Flüssigkeit und auf Ausdrucksmöglichkeiten im Alltag verweisen, denn sie sagt an anderer Stelle im Interview: *Im Alltag hat sie eigentlich keine Probleme. Das ist eigentlich immer nur im Unterricht. Da kommen die Probleme auf.* Und sie konkretisiert diese Aussage mit dem Hinweis auf unbekannte Wörter:

222	M:	*ja ab und zu kommen Wörter vor*
223		*die sie zum ersten Mal hört + die sie nicht kennt*
224		*die sie nicht weiß + aber selten*

Doch was passiert im Unterricht, wenn ein Kind ein Wort nicht versteht? Häufig gar nichts. Und dies liegt nicht an der fehlenden Initiative der Kinder, sondern daran, dass manche Lehrerinnen und Lehrer sie nicht dazu anregen, nachzufragen, weil das den Unterrichtsablauf (und die Planung) durcheinanderbringen würde. So gewöhnen sich die Kinder an unklare Bedeutungen. Untersuchungen haben gezeigt, dass nur ca. 300 Wörter pro Schuljahr erklärt werden, die Schüler aber ca. 3.000 Wörter neu lernen müssen.

Vielen neuen Wörtern müssen Kinder eigenständig eine Bedeutung zuordnen. Das gelingt Kindern mit einem großen Wortschatz leichter als solchen mit einem kleineren. DaZ-Lerner brauchen gerade in diesem Bereich Anleitungen und Hilfestellungen.

Exkurs: Verstehen im Unterricht

Nehmen wir nun einmal an, die Lehrerin fragt einen Schüler nach einem Wort: *Weißt du, was Freude bedeutet?*[12] Der Schüler antwortet halblaut: *Ja, ein Freund zwei Freunde.* Darauf erfolgt der Hinweis *nicht Freunde Freude.* Anschließend wird das Wort folgendermaßen erklärt: *Ich freue mich. Ich freue mich, weil ich heute Geburtstag habe.* Genügt diese einmalige Kontrastierung, um die beiden Wörter zu unterscheiden? Kann die neue Form bereits nach einmaligem Hören dauerhaft abgespeichert werden? Das ist unwahrscheinlich. Besser wäre es gewesen, wenn die Formen an die Tafel geschrieben und die Unterschiede markiert worden wären. Erst nachdem eine Form korrekt erfasst wurde, ist es sinnvoll, eine Bedeutungserklärung zu geben. Wird die Bedeutung eines Wortes erklärt, ohne dass dem Lernenden die dazugehörige Form klar ist, weiß er zwar, was das Wort bedeutet, kann sich aber u. U. nicht mehr an das Wort erinnern und wird folglich auch die Erklärung bald wieder vergessen haben.

Erst, wenn die Form korrekt erfasst wurde, ist es sinnvoll, eine Bedeutungserklärung zu geben

Angenommen, die Lehrerin geht wie oben angeraten vor: Die Form wird fokussiert und anschließend wird die Erklärung gegeben. Nun hat der Lerner folgende Aufgaben zu bewältigen: Er muss festhalten, dass *Freunde* und *Freude* sich unterscheiden. Danach muss er herausfinden, dass *Freude* und *sich freuen* etwas miteinander zu tun haben. Das ist für Muttersprachler trivial, für DaZ-Lerner aber keineswegs selbstverständlich. Schließlich muss der Lerner in der Lage sein, den weil-Satz zu entschlüsseln. Wenn er diese Konstruktion noch nicht beherrscht, nützt ihm eine solche Erläuterung gar nichts.

Mögliche Ursachen für Verständnisprobleme im Unterricht

Das Verstehen im Unterricht behindern aber nicht nur einzelne unbekannte Wörter. Was kann noch Probleme verursachen?
- unbekannte Wendungen, z. B. *Trübsal blasen,*
- spezielle Konstruktionen, z. B. Vergleiche wie *größer als* oder Steigerungsformen wie *der Größte,*
- unbekannte Tempusformen, z. B. *er wog.* Solche Formen können Verstehensblockaden auslösen, selbst wenn das Wort *wiegen* schon bekannt ist.

....

12 Es handelt sich um ein authentisches Beispiel.

Schwierigkeiten bereiten in schriftlichen Texten schließlich auch:
- Attributkonstruktionen, z. B. *das Mark des Holunders* oder *die aus dem Haus vorsichtig heranschlurfende Person,*
- unpersönliche Man- und Passiv-Konstruktionen.

Schüler verstehen oft alle bzw. fast alle Wörter in einem Text (oder glauben sie zu verstehen), sind aber nicht in der Lage, den Sinn des Textes zu erschließen, sei es, weil sie nur eine Bedeutung für jedes Wort kennen oder weil sie die kontextspezifische Bedeutung eines Wortes nicht erschließen können. Vielfach entgehen solche Zusammenhänge sowohl Schülern als auch Lehrkräften. Es kann helfen, wenn man mit Eltern und Schülern darüber spricht und sie dafür sensibilisiert.

Schüler sollten lernen, ihr Textverstehen selbst zu überprüfen. Was habe ich verstanden? Wie könnte man das (mit wenigen Worten und z. B. in Form eines Pfeildiagramms) darstellen? Kommt mein Banknachbar zu einem ähnlichen Ergebnis? Wenn nicht: Worin unterscheidet sich sein Ergebnis von meinem? Durch Vergleiche und Gespräche über den Text können Schüler zunächst einmal lernen, wo sie etwas offenbar nicht verstehen. Das zu wissen, ist auch für Lehrerinnen und Lehrer hilfreich. Danach kann an der Überwindung solcher Schwierigkeiten gearbeitet werden.

Hat Zübeyde Bücher gelesen?

Zu Beginn der Grundschulzeit besuchten Mutter und Tochter häufiger die Stadtteilbücherei. Später ging die Tochter auch alleine dorthin, hat dies aber nach und nach aufgegeben. *Nicht mehr,* meint die Mutter lakonisch. Die bereits in der Vorschulzeit entwickelte Gewohnheit, Bücher auszuleihen, hat aufgrund fehlender Anregungen während der Grundschulzeit allmählich abgenommen, und das Ausleihen von Büchern wurde eingestellt. Somit erhielt das Kind außerhalb der Grundschule kaum Anregungen zum Deutschlernen. Was hätten Lehrerinnen und Lehrer tun können, damit diese wichtigen sprachlichen Anregungen erhaltenbleiben? Beispielsweise hätte man im dritten oder vierten Schuljahr Ganzschriften lesen können.

Im 3./4. Schuljahr Ganzschriften lesen

Auf die Frage, wann die Tochter türkische Bücher liest oder etwas auf Türkisch schreibt, antwortet der Vater: *Wenn sie chattet wahrscheinlich.* Er scheint sich also nicht ganz sicher zu sein. Der Kommentar der Mutter lautet dagegen: *Eigentlich immer weniger. Sie braucht eigentlich nicht zu schreiben auf Türkisch.*

Lernverhalten und Lernstrategien

Danach gefragt, ob Wörterbücher verwendet wurden oder werden, meint die Mutter: *Also jetzt braucht sie das mehr in der fünften Klasse.* Offenbar hatte Zübeyde während der Grundschulzeit kein DaZ-Wörterbuch, über die Schule hat sie nur ein für deutsche (monolinguale) Kinder entwickeltes Rechtschreibwörterbuch (Duden) erhalten.

Die Mutter berichtet weiter, dass in der Schule mit einer Wörterkartei gearbeitet wurde, dieses Medium sei aber zu Hause weniger genutzt worden. Hat der Umgang mit der Wörterkartei keinen Spaß gemacht? Hätte man ihn anders gestalten sollen, damit diese Arbeit eine nachhaltige Wirkung entfalten kann?

Rückblickend berichtet die Mutter, dass Zübeyde die Grundschule gerne besucht hat. Lehrerwechsel waren für ihre Tochter offenbar unproblematisch. Entscheidend war vielmehr, dass sie mit den Lehrkräften *immer etwas erlebt hat, das ihr Freude bereitete.* Denn *dann hat ihr auch das Lernen Spaß gemacht.*

Und wie geht es mit dem Englischlernen? Englisch lernt Zübeyde seit der dritten Klasse. Am Anfang war es für sie offenbar leicht, dies ist auf dem Gymnasium jedoch anders geworden. Die Mutter sagt dazu: *Jetzt ist es extrem.* Offenbar sind die Anforderungen sprunghaft gestiegen. Auch hier differenziert die Mutter: *Es gibt Kinder, die haben in der Grundschule mehr* (Englisch) *gelernt als unsere Kinder. Aber das hängt von den Schulen ab. Das ist mir aufgefallen.*

Weiter berichtet die Mutter, dass die Tochter Vokabeln schnell lernt. Nur das Schreiben bereite ihr Schwierigkeiten. Und die Tochter ergänzt: *Grammatik*, und meint damit offenbar die Begriffe und Bezeichnungen der Schulgrammatik.

Insgesamt scheint Englisch Zübeyde keine Schwierigkeiten zu bereiten. Sie kommentiert das so: *Also Fernsehen ist auf Englisch television und auf Türkisch televizion, fast das Gleiche. Sprachlich ist es gleich, wird nur anders geschrieben.* Und die Mutter ergänzt, dass es ja auch Ähnlichkeiten zwischen Englisch und Deutsch gebe, was die Tochter am Beispiel von *bridge* konkretisiert: *Das heißt Brücke. Man kann es sich eigentlich denken, weil das so ähnlich ist.* Und der Vater ergänzt: *Sie hat besonderen Spaß beim Englisch, so kommt mir das vor.*

Um sich Vokabeln einzuprägen, schreibt Zübeyde Wörter auf. Und bei Unklarheiten konsultiert sie im Internet eigenständig das deutsch-englische Wörterbuch LEO.

Gefragt, ob die Eltern sprachliche Rückschritte in einer der drei Sprachen bemerkt hätten, antwortet die Mutter: *Ne, Rückschritte nicht. Aber es gab Zeiten, wo sie mal mehr oder mal weniger gelernt hat.*

Die Klassenlehrerin war, nach Auskunft der Mutter *total nett. Und wenn was war, konnte man mit ihr sprechen.* Die Lehrerin war also offen für Gespräche und hat das wohl auch deutlich signalisiert. Positiv aufgefallen ist der Mutter, dass die Lehrerin auf die Schwächen der Kinder geachtet hat und versucht hat, ihnen zu helfen.

Angesprochen auf Kontakte mit deutschen Mitschülerinnen und Mitschülern nennt die Mutter zwei Namen: *Marie und Janin.* Auf die Frage, wie oft sich die Kinder getroffen haben, antwortet sie: *Unterschiedlich, sehr oft nicht. Ein- zweimal im Monat so nachmittags.* Für Anregungen zum Ausbau der Deutschkenntnisse ist das zu wenig.

Am Ende des Gesprächs meint die Mutter, dass das Deutsch ihrer Tochter natürlich noch Schwächen aufweise, z. B. bei der Satzbildung oder Artikeln. Diese Bereiche bereiten Zübeyde auch nach zweieinhalb Jahren Sprachförderung im Kindergarten und vier Jahren Grundschule Schwierigkeiten, obwohl sie während der Grundschulzeit intensiv geübt und immer wieder von der Mutter abgefragt worden sind.

Sprachlernbiografie Nina

Ninas Familie

Ninas Eltern kamen vor zehn Jahren aus Kasachstan nach Deutschland. Kurz darauf wurde Nina geboren. Die Eltern sind Akademiker: Der Vater ist Arzt, die Mutter Betriebswirtin. Auch in der Verwandtschaft gibt es fast ausschließlich Hochschulabsolventen. In Kasachstan haben die Eltern in einer kleineren Ortschaft gelebt, wo sie zur hoch angesehenen sogenannten *Intelligenzija* gehörten – einer akademischen Gesellschaftsschicht (z. B. Lehrer, Ärzte, Ingenieure) mit einem vergleichsweise niedrigen Einkommen. Die Eltern haben erlebt, was es bedeutet, zwar mit einer exzellenten Ausbildung, aber ohne gute Sprachkenntnisse in einem fremden Land zu leben. Der Vater hat erst nach langer Wartezeit seine Arzterlaubnis bekommen, Ninas Mutter dagegen konnte noch keinen beruflichen Anschluss finden. Nina hat eine neun Jahre ältere Schwester, die auf das Gymnasium geht.

Zum Zeitpunkt der Interviews[13] ist Nina zehn Jahre und zwei Monate alt. Sie besucht die vierte Grundschulklasse und hat eine Gymnasialempfehlung erhalten.

....

13 Das Interview mit Nina wurde in der Wohnung der Familie am 23.02.2010 durchgeführt.
Das Interview mit Ninas Mutter wurde in der Wohnung der Familie am 26.02.2010 durchgeführt.
Das Interview mit Ninas Grundschullehrerin wurde in der Schule am 19.03.2010 durchgeführt.

Nina im Kindergarten

Erst mit drei Jahren und acht Monaten kommt Nina in den Kindergarten, weil sie als ein im Januar geborenes Kind auf den Beginn des neuen Kindergartenjahres warten musste. Das Mädchen freut sich auf den Kindergarten. Die Eingewöhnungszeit verläuft problemlos, weil Ninas Cousine dieselbe Gruppe besucht. Das Mädchen wirkt im Kindergarten fröhlich und Neuem gegenüber aufgeschlossen. Sie schließt schnell Freundschaften mit anderen Kindern und wird wegen ihrer Begabung und Kreativität sogar „unsere Primaballerina" genannt. Sie singt gerne und tonsicher. Auch Tanzen liegt ihr am Herzen, sodass sie sich häufig ohne Aufforderung und ohne jegliche Scheu zu bewegen beginnt. In der Gruppe malt Nina fantasievoll, tuscht und bastelt gerne. Ihre Werke, die sie allen stolz zeigt, werden im Kindergartenflur ausgestellt.

Nina in der Grundschule

Die Klassenlehrerin beschreibt Nina als *ein ernstes, ruhiges, leistungsorientiertes und ehrgeiziges Kind*, das sich Ziele setzen und diese erreichen kann. Obwohl sie ruhig ist, kann sie im Klassenverband ihre Meinung gut vertreten. Im Unterricht erlebt die Lehrerin Nina so: *Sie erfasst Sachverhalte, durchdringt sie. Sie lernt problemlos und hat eine gute Auffassungsgabe.* Insgesamt hat Nina gute Noten, die Lehrerin bezeichnet ihre Leistungen als *überwiegend im guten, im oberen Bereich.* Sie geht davon aus, dass Nina gerne in die Schule geht, *denn sie möchte auch lernen. Das ist ihr durchaus bewusst.*

Rückblickend stellt die Lehrerin über Nina fest: *Sie war von Anfang an leistungsstark und hat sich jetzt eben gut entfaltet. Sie hat ein zurückhaltendes Wesen, aber das gehört zu ihr. Und dass sie jetzt auch weiß, was sie kann, ohne das in den Vordergrund zu stellen.* Die Lehrerin ist zuversichtlich, dass Nina auch im Gymnasium erfolgreich lernen wird.

Während die Lehrerin den hohen Stellenwert des Lernens für das Mädchen hervorhebt, betont Nina, dass sie die Grundschule vor allem wegen ihrer Freunde *lustig und interessant* fand. Als das schönste Erlebnis ihrer Grundschulzeit gibt sie die siebentägige Klassenfahrt auf eine norddeutsche Insel an. Trotzdem kam es einige Male vor, dass sie lieber zu Hause geblieben wäre, als in die Schule zu gehen: *esli učitel´nica serditsja, potomučto domašnie zadanija ne vypolneny byli.*[14]

....

14 Dieser russische Satz mag einen ersten Eindruck vermitteln, wie es für die Kinder ist, mit einer fremden Sprache konfrontiert zu sein. Die Interviews wurden auf Russisch geführt, weil Russisch die Familiensprache ist. Im Weiteren werden die Interviewauszüge ins Deutsche übersetzt. Der Satz oben bedeutet: *Wenn sich die Lehrerin ärgert, weil die Hausaufgaben nicht gemacht waren.*

Auch auf die Einschulung hat sich Nina sehr gefreut. Sie erinnert sich, dass der erste Tag in der Schule ungewohnt war: *Im Gegensatz zum Kindergarten waren wenige Kinder da. Jedes Kind hat einen eigenen Tisch und einen festen Sitzplatz bekommen.* Ungewohnt war es für Nina auch, dass Lehrer Fragen an Kinder stellen, beispielsweise beim Lesen eines Textes.

In Ninas Grundschulklasse sind insgesamt 22 Kinder, davon haben vier Kinder Russisch und ein Kind Türkisch als Erstsprache. In der Klasse hat Nina mehrere Freunde, sowohl Mädchen als auch Jungen. Darunter sind einsprachige deutsche Kinder und zweisprachige Kinder, die mit Russisch und Deutsch aufwachsen. Die Kinder sprechen untereinander Deutsch.

Auch die Mutter findet, dass Nina generell äußerst gerne in die Schule geht: *Nina ist ein Mensch, der andere Menschen um sich braucht, und in der Schule bekommt sie das.* Natürlich kam es mal vor, dass sie erzählte, dass sie keine Freunde habe. Nina berichtet zu Hause auch hin und wieder über kleinere Konfliktsituationen mit anderen Kindern in der Schule. In einigen dieser Fälle gibt die Mutter Nina die Schuld, weil sie einen *schwierigen Charakter* habe. Sie meint damit, dass Nina nicht immer kompromissbereit ist. Die Lehrerin hat jedoch nicht beobachtet, dass Nina in der Klasse auf Ablehnung stößt.

Von der Lehrerin wissen wir, wie die Freundschaftsstrukturen zu Beginn der Grundschulzeit waren: *Anfangs war es natürlich so, dass sie eher nach dem gleichen Hintergrund geguckt hat, mit der Sprache, dass man sich verständigen konnte. Aber das hat sich ganz schnell gegeben. Man merkt es, da kam das Kind an.* Auch im Kindergarten war es so, dass Nina hauptsächlich mit russischsprachigen Kindern spielte, beispielsweise mit ihrer älteren Cousine.

Doch wie sucht sich Nina Freunde aus? Die Lehrerin hat Folgendes beobachtet: *Sie sucht sich Kinder aus, die ihr vom Charakter passen, nicht gerade die lautesten, sondern die zu ihr von ihrer Wesensart passen. Das Gespür hat sie.* Wegen ihres Biorhythmus bereitet das frühe Aufstehen Nina Schwierigkeiten. Die Mutter erzählt: *Es kommt manchmal vor, wenn Nina nicht ausgeschlafen hat, dann fragt sie, ob sie heute nicht zu Hause bleiben darf.* Bereits im Kindergarten war zu beobachten, dass Nina in den frühen Morgenstunden noch sehr müde war.

Welche Unterrichtsfächer machen Nina in der Grundschule besonders viel Spaß?
Nina beantwortet diese Frage eindeutig: Malen. Dies deckt sich mit den Beobachtungen, anhand derer bereits im Kindergarten künstlerische Neigungen bei ihr festgestellt wurden (vgl. S. 78).

Auch die Mutter bezeichnet Malen als das Lieblingsfach ihrer Tochter. Außerdem berichtet sie, dass Englisch noch bis vor zwei Monaten sehr beliebt war. Nach einem Lehrerwechsel habe Nina das Interesse an diesem Unterrichtsfach jedoch verloren. Nina scheint also personenzentriert bzw., wie die meisten Kinder in diesem Alter, umfeldsensibel zu sein.

Die Lehrerin findet, dass Nina in der Schule besonders viel Spaß an Unterrichtsfächern wie Kunst, Musik, Sport hat. Sie berichtet von ihren Beobachtungen in der Klasse: *Im Unterricht machen ihr Aufführungen und darstellendes Spiel Spaß, wo sie unterschiedliche Rollen übernehmen kann.*

Auf Nachfrage gibt Nina zu, dass ihr einige Fächer keinen Spaß machen. Dazu gehört auch der Heimat- und Sachkundeunterricht. Die Mutter erklärt dies damit, dass sich die Klasse bereits seit einiger Zeit mit dem Thema „Unser Bundesland" beschäftigt. Im Unterricht erhalten die Kinder viele chronologisch-geografische Informationen: *Das gefällt Nina nicht, weil sie darin keine kreativen Ausdrucksmöglichkeiten sieht.* Nina ist stattdessen eher ästhetisch-kreativ orientiert. Sie ist beispielsweise Mitglied einer Tanzgruppe und bekommt Klavierunterricht. Die Mutter zeigt sich erstaunt darüber, dass Nina – im Gegensatz zu ihrer älteren Schwester, die Naturwissenschaften weniger präferiert – auch in Mathematik gut mitkommt.

Wenn Nina an das baldige Ende der Grundschulzeit denkt, wird sie traurig. Sie findet es schade, dass ihre Klasse dann nicht mehr bestehen und sie ihre Freunde nur noch selten sehen wird. In ihrer Klasse haben die Kinder sogar darüber nachgedacht, ob man nicht durch schlechte Noten eine Fortsetzung der Grundschule erzwingen könne.

Am Beispiel der Lieblingsfächer kann man deutlich erkennen, wie sich die Aussagen des Kindes (Malen, kein Heimat- und Sachkundeunterricht), der Mutter (Malen, früher auch Englisch, kreative Neigungen) sowie der Lehrerin (Kunst, Musik, Sport und bevorzugte Unterrichtsaktivitäten) gegenseitig ergänzen.

Die Entwicklung der Erstsprache Russisch

Nach der Aussage ihrer Mutter begann Nina früh zu sprechen. Bereits kurz vor ihrem zweiten Geburtstag sprach sie flüssig Russisch. Der Mutter ist es wichtig zu betonen, dass sie ihren Kindern gegenüber niemals „Babysprache" verwendet hat.

Vor dem Kindergarten (bis zum Alter von drei Jahren und acht Monaten) hat Nina fast ausschließlich Russisch gehört. Im Kindergarten war zu beobachten, dass ihre erstsprachlichen Kompetenzen besser entwickelt waren als bei einigen älteren russischsprachigen Kindern: Sie hatte beispielsweise keine Artikulationsauffälligkeiten, verfügte über einen differenzierten Wortschatz und verwendete komplexe grammatische Strukturen. Ninas Erstsprache war zwar gut entwickelt, aber es handelte sich um eine kindliche Varietät, d. h., die sprachliche Entwicklung war noch nicht abgeschlossen. Vor allem der lexikalische Bereich musste durch Wortschatz- und Bedeutungsausbau erweitert werden. Und auch im morphologischen Bereich – er ist im Russischen besonders komplex – gab es noch einige Abweichungen.

Am Ende der Grundschulzeit spricht Nina immer noch ein differenziertes, akzentfreies Russisch ohne deutsche Einflüsse. Sie hat, auch bei komplexeren Themen (das Interview mit ihr wurde auf Russisch geführt) keine Schwierigkeiten, sich auszudrücken. Dies ist, denkt man an die Spracherosion, wie sie bei russischsprachigen Kindern in Deutschland z. B. von MENG (2001) beschrieben wurde, zweifellos ein Verdienst ihrer Familie.

Fehlende Spracherosion in der Erstsprache als Verdienst der Familie

Wie wird die erstsprachliche Entwicklung zu Hause gefördert?

- **Literale Umgebung:** Nina wächst in einer literal geprägten Umgebung auf und erhält daher zahlreiche sprachliche und literale Anregungen. Sie kennt viele russische Bücher, Lieder, Zeichentrickfilme, Märchen, Reime usw. Ihre Eltern lesen gern und viel, sowohl schöngeistige Literatur als auch Periodika. Sie sind somit gute Vorbilder. Nina besitzt viele, meist aus Kasachstan mitgebrachte Bücher in russischer Sprache. Ihr wurde regelmäßig vorgelesen. Das Vorleseritual gehörte für sie fest zum Tagesprogramm. Auch im Grundschulalter liest die Mutter der Tochter noch vor.

Vorleseritual als fester Bestandteil des Tagesprogramms

- **Mediale Umgebung:** Beim Mediengebrauch kann ebenfalls festgestellt werden, dass Nina in einem anregungsreichen Umfeld groß wird. Zu Hause hört das Mädchen gerne russische Musik. Früher waren das russische Kinderlieder, jetzt ist es russische Popmusik. Bei ihrer Großmutter, die russisches Fernsehen empfangen kann, sieht sich Nina regelmäßig Popkonzerte an. In der Familie gibt es einen Computer. Früher hatte sich Nina für russische Kinderlernprogramme interessiert, heute geht sie auf russische Internetseiten.

- **Kontakt zu Verwandten im Herkunftsland:** Verwandte der Familie väterlicherseits leben in Kasachstan und Russland. Zu ihnen wird durch Briefe, E-Mails, Anrufe und gegenseitige Besuche intensiver Kontakt gepflegt. Die Mutter berichtet stolz, dass Nina während der Besuche in Kasachstan keine Kommunikationsschwierigkeiten habe.

- **Alphabetisierung in der Erstsprache:** Wie in vielen russischsprachigen Akademikerfamilien wurde Nina bereits im Kindergartenalter alphabetisiert. Zu ihrem dritten Geburtstag hat das Mädchen selbst gefertigte Buchstabenklötzchen bekommen. Nach dem vierten Geburtstag wurde die Alphabetisierung seitens der Eltern intensiviert. Nach Auskunft der Mutter konnte Nina vor der Einschulung mit sechs Jahren und acht Monaten lesen, *jedoch noch nicht flüssig*.

Abgesehen von den Bildungstraditionen war es für die Mutter wichtig, dass Nina das kyrillische und das lateinische Alphabet zeitlich versetzt lernt: *Eine gleichzeitige Alphabetisierung in beiden Sprachen hätte sie nicht bewerkstelligen können. Sie hätte alles durcheinandergebracht und viel Zeit benötigt, um sich wieder Klarheit zu verschaffen.* Positiv findet die Mutter an der vorgezogenen russischen Alphabetisierung, dass Nina danach in der Schule nur deutsche Buchstaben bzw. Buchstabenkombinationen lernen musste, *denn der Leseprozess an sich war ihr bereits aus ihrer Erstsprache bekannt.*

Ninas Mutter berichtet, dass sie diesen Weg aufgrund der Beobachtung ihres Kindes intuitiv gewählt hat. Sie ist der Meinung, dass der Leselernprozess vor der Einschulung abgeschlossen sein muss, dann wird das Kind nicht verwirrt und *bekommt keinen Brei im Kopf.*

Wegen der unterschiedlichen Alphabete sind viele russischsprachige Eltern in Deutschland verunsichert, wann sie ihren Kindern russische Buchstaben beibringen sollen. Andere Eltern im Bekanntenkreis von Ninas Mutter waren beispielsweise der Meinung, dass eine gleichzeitige Alphabetisierung in beiden Sprachen besser ist. Sie fragten während der Vorschuluntersuchung sogar bei Schulpsychologen an, bekamen dort aber keine oder ausweichende Antworten. So kommt es, dass viele russischsprachige Kinder in Deutschland zwar auf Russisch sprechen, aber nicht schreiben und lesen können. Denn anders als beispielsweise beim Türkischen, das auf dem lateinischen Alphabet gründet, muss beim Russischen das kyrillische Alphabet von den Kindern zusätzlich erlernt werden.

Viele Migranteneltern haben Fragen bezüglich der Zweisprachigkeit ihrer Kinder und der Alphabetisierung in der Erstsprache, die in Elternberatungsgesprächen aufgegriffen werden sollten.[15]

---

15 Übrigens: Sowohl in der jüdischen als auch in der chinesischen Bildungstradition beginnt die Alphabetisierung i.d.R. mit drei Jahren. Beide Gruppen sind besonders erfolgreich beim Durchlaufen von Schulen und Hochschulen.

- **(Vor)Lesen:** Wichtig für die Entwicklung der Erstsprache Russisch war, dass die Mutter dem Kind häufig vorgelesen hat. Auch Nina selbst liest viel, nicht nur Märchen oder Fantasy-Bücher, sondern (auf Anregung ihrer Mutter) auch anspruchsvollere Werke wie „Alye parusa" („Das purpurrote Segel") von Alexander Grin, das dem russischen Literaturkanon angehört. Die Mutter weist darauf hin, dass sie Nina um lautes Vorlesen bittet, damit sie *alle Endungen mitspricht, unbekannte Wörter ausspricht und danach fragt.*

> Aus Untersuchungen wissen wir, dass Kinder, die ihren Eltern laut vorlesen, ihre Zweitsprache gut weiterentwickeln. Es spielt dabei offensichtlich keine Rolle, ob und wie gut die Eltern der Zweitsprache mächtig sind. Schon das bloße Zuhören macht diese Vorgehensweise effektiv.

- **Russischunterricht:** Nina erhält von ihrer Großmutter, einer ehemaligen Grundschullehrerin, seit vier Jahren Russischunterricht. Als Grundlage dienen russische Schulbücher (für die erste bis dritte Klasse). Dabei wird meist so vorgegangen, dass Nina Texte vorliest, sie abschreibt und Übungen bzw. Textaufgaben dazu macht. Beispielsweise soll sie im Rahmen dieser Aufgaben Textstellen markieren. Den Schwerpunkt des Unterrichts legt die Großmutter auf die russische Rechtschreibung und Grammatik. Deswegen verfügt Nina im Russischen über Fachausdrücke wie *Subjekt, Prädikat, Suffix, Präfix, Wortstamm.* Der Unterricht findet einmal wöchentlich nach der Schule statt. Das Mädchen berichtet, dass es ihn manchmal als zusätzliche Belastung empfindet. Auch Ninas Schwester und Cousine werden von der Großmutter unterrichtet, aber jedes Kind aufgrund des Altersunterschieds einzeln.

- **Vorbilder:** Ninas Mutter berichtet, dass Nina in letzter Zeit hoch motiviert zum Russischunterricht ihrer Großmutter geht, weil sie gesehen hat, dass er bei ihrer älteren Schwester Früchte trägt. Ninas Schwester hat seit der elften Klasse auch im Gymnasium Russischunterricht. Sie hat eine landesweite Russischolympiade gewonnen und durfte an einer bundesdeutschen Russischolympiade teilnehmen. Außerdem war sie mit ihrer Russischklasse zum Schulaustausch in Sankt Petersburg. Im Rahmen des von ihr angestrebten Studiums möchte sie ein Auslandssemester in Russland verbringen. Auch die Mutter nimmt ihre Rolle als Sprachvorbild ernst und versucht, *ein gutes und differenziertes Russisch zu sprechen.* Außerdem vermischt sie die Sprachen nicht – was Nina von ihr übernimmt: Anders als viele russischsprachige Kinder fügt das Mädchen keine deutschen Wörter in russische Sätze ein.

Der Wechsel zwischen den Sprachen (Code-Switching) ist ein natürliches Verhalten zwei- und mehrsprachiger Personen. Es kann unterschiedliche Funktionen haben. Anfangs kann es z. B. den Einstieg in die fremde Sprache erleichtern. Problematisch wird es, wenn Kinder nicht mehr in der Lage sind, sich in einer Sprache auszudrücken, ohne auf die andere Sprache auszuweichen oder den Wechsel automatisch (d. h. unbewusst) vollziehen.

- **Korrekturen:** Wenn Nina etwas falsch formuliert, werden ihre Fehler von der Mutter beiläufig korrigiert. Meist wiederholt Nina dann automatisch die richtige Form. Die Mutter erklärt dabei bewusst nichts, *weil Nina es nicht versteht und sich langweilt.* Wenn die Mutter das Gefühl hat, dass Nina die Bedeutung eines Wortes nicht erfasst hat oder es falsch benutzt, fragt sie das Kind, was es damit meint. Danach vermittelt sie ein anderes Wort oder präzisiert die Bedeutung des von Nina gebrauchten. Zudem ermutigt die Mutter Nina bei schwierigen sprachlichen Phänomenen und sagt: *Bleib da nicht hängen, versuch, dir zu merken, dass dieses Wort so betont wird oder in diesem Fall so gebraucht wird.* Wichtig sind für die Mutter eine vertrauensvolle Beziehung zu ihrer Tochter und das tägliche Im-Gespräch-Bleiben.

Was weiß man in der Grundschule über Ninas erstsprachliche Kenntnisse? Die Klassenlehrerin hat nur eine vage Vorstellung von Ninas Russischkenntnissen: *Ich gehe mal davon aus, dass sie alles gut verstehen kann. Inwieweit sie flüssig sprechen kann, das weiß ich nicht. Weil sicher wird zu Hause in der Muttersprache gesprochen, aber es wird, glaube ich, auch ganz viel Wert drauf gelegt, dass die Kinder ihre Deutschkenntnisse erweitern. Und ja, dass beide Sprache parallel laufen, aber sie soll sich hier gut behaupten können. Da ist wohl der Stellenwert ein bisschen höher für die deutsche Sprache.*

Man kann in diesem Zusammenhang zwischen produktiven und rezeptiven Fertigkeiten unterscheiden. Produktiv bedeutet, dass die Kinder sprachliche Äußerungen selbst (mündlich oder schriftlich) produzieren, rezeptiv heißt, dass sie in der Lage sind, Gehörtes oder Gelesenes zu verstehen.

Nina berichtet von einem schönen Erlebnis in der Grundschule, als die Musiklehrerin ein Buch mit Liedern in verschiedenen Sprachen mitgebracht hat. Obwohl in der Klasse mehrere russischsprachige Kinder sind, war Nina die Einzige, die den Text des russischen Liedes vorlesen konnte. Das hat Nina viel Spaß gemacht, und sie erinnert sich gerne daran. Auch die Klassenlehrerin berichtet von der Unterrichtseinheit „Verschiedene Sprachen", von der sich Nina *richtig angesprochen* gefühlt hat. In diesem Rahmen wurden unter anderem Sätze in verschiedenen Sprachen, auch auf Russisch, präsentiert. Nina war im Unterricht dazu in der Lage, den falsch geschrieben Satz auf Russisch zu korrigieren und die richtige Aussprache zu demonstrieren.

> Große Freude haben dem Kind in der Grundschule Unterrichtseinheiten bereitet, in denen Mehrsprachigkeit thematisiert wurde und es seine Kenntnisse in der Erstsprache Russisch zeigen konnte.

Die Entwicklung der Zweitsprache Deutsch

Welche Sprachen spricht Nina mit wem zu Beginn ihres Deutscherwerbs (Kindergarten)?

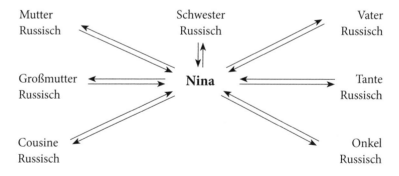

Zu Beginn ihres Zweitspracherwerbs spricht Nina mit allen für sie wichtigen Bezugspersonen aus dem Familienumfeld ausschließlich Russisch. In ihrer Kernfamilien sind das die Mutter, der Vater und ihre neun Jahre ältere Schwester. Intensiven Kontakt hat Nina zudem mit der Verwandtschaft mütterlicherseits, die in der Nähe wohnt: ihre Tante, ihr Onkel und ihre zwei Jahre ältere Cousine.

Welche wichtigen Stationen hat Nina bei der Aneignung der deutschen Sprache durchlaufen?

- **Kindergartenbesuch** (Alter: 3 Jahre, 8 Monate – 6 Jahre, 6 Monate):
Als ein im Dezember geborenes Kind erhielt Nina im Alter von drei Jahren und acht Monaten einen Platz im Kindergarten. Erst dort kam sie in systematischen Kontakt mit der deutschen Sprache. Das Mädchen sagt dazu: *Deutsch habe ich im Kindergarten angefangen zu lernen. Damals habe ich nur wenig Deutsch gesprochen.* Die Kindergartenzeit verbindet Nina in der Erinnerung mit der Notwendigkeit, sich in einer fremden Sprache auszudrücken: *Im Kindergarten musste ich nur Deutsch sprechen.* Da Nina mit dem Deutscherwerb recht spät beginnt, gibt es einen großen Unterschied zwischen ihren erst- und zweitsprachlichen Kompetenzen. Im Kindergarten findet sie sich auf einmal auf dem Niveau eines Kleinkindes wieder und muss auf onomatopoetische (lautmalerische) sowie nonverbale Elemente zurückgreifen, um sich verständigen zu können. Zu beobachten war, dass Nina darunter litt und dies ihren Deutscherwerb beeinträchtigte. Nina deutet während des Interviews an, wie schwierig es für sie damals war, sich nicht verständigen zu können.
- **Eltern-Kind-Deutschkurs im Kindergarten** (Alter: 4 Jahre, 1 Monat – 4 Jahre, 11 Monate):
In der zweiten Hälfte des ersten und in der ersten Hälfte des zweiten Kindergartenjahres besucht Nina zweimal wöchentlich, begleitet von ihrer Mutter, den Deutschkurs für russischsprachige Familien.
- **Sprachförderung im letzten Kindergartenjahr** (Alter: 5 Jahre, 10 Monate – 6 Jahre, 8 Monate):
Eine Grundschullehrerin bot für Vorschulkinder mit Migrationshintergrund einmal wöchentlich eine Deutschförderung an, um sie sprachlich auf die Schule vorzubereiten. Die Kinder führten darin ein Heft und lernten beispielsweise einige Buchstaben. Dafür hatten die Eltern monatlich ein kleines Entgelt zu bezahlen.
- **Einschulung** (Alter: 6 Jahre, 8 Monate):
Ninas Lehrerin kann sich nicht erinnern, dass sie vom Kindergarten Informationen über Ninas sprachliche und allgemeine Entwicklung erhalten hat. Normalerweise wird das in der Grundschule so gehandhabt, dass zwei Lehrerinnen Kontakt mit den Kindergärten aufnehmen und sie besuchen. Dort führen sie mit den Kindern kleinere Spiele durch, um ihren Entwicklungsstand zu überprüfen. Die Lehrerin fährt fort: *Danach berichten sie in der Schule den Erstklassenlehrern über Verhaltensdefizite und Rückstände in der Sprache.*

Sind „Verhaltensdefizite" und „Rückstände in der Sprache" sinnvolle Beurteilungskategorien für den sprachlichen Entwicklungsstand eines Migrantenkindes? Es handelt sich bei vielen dieser Kinder um normale Sprachentwicklungsprozesse, die aufgrund fehlender Sprachkontakte mehr Zeit in Anspruch nehmen. Die Schwächen können sich schnell verwandeln, weil die Kinder andere Strategien entwickeln. Besser wäre es daher, sich an ihren Stärken zu orientieren und Entwicklungsverzögerungen nicht als Defizite zu bezeichnen.

- **Sprachförderung in der ersten Klasse** (Alter 6 Jahre, 11 Monate):
  Nach der Einschulung wurde Nina angeboten, an einer zusätzlichen Deutschförderung für Kinder mit nichtdeutscher Erstsprache teilzunehmen. Diese Förderstunden besuchte Nina einen Monat lang, fühlte sich jedoch unterfordert, langweilte sich und lernte nach Aussage der Mutter nichts Neues. Daraufhin suchte die Mutter das Gespräch mit der Lehrerin und nahm Nina aus der Deutschförderung heraus. Die Mutter erinnert sich daran, dass die Lehrerin Nina damals keine Schwierigkeiten im Deutschen attestierte, sie aber mahnte, dass die Eltern für in der Zukunft möglicherweise auftretende Probleme die Verantwortung trügen. Auch der Lehrerin ist dieses Gespräch noch präsent: *Dann habe ich sie aus der Förderung rausgenommen. Das war nur ein Zusatzangebot, man kann ja nicht nur fördern, man kann auch fordern. Das wollten die Eltern aber auch nicht. Das ist ja zusätzlich, zusätzlicher Unterricht.*

Was wissen wir über die DaZ-Förderung in Ninas Grundschule?
Die DaZ-Förderung findet an der betreffenden Schule parallel zum Mathematikunterricht statt. Dies ist sicherlich problematisch, weil Mathematik ein wichtiges Fach ist. Aber auch Sport, Musik oder Malen – die Fächer also, die häufig für die DaZ-Förderung verwendet werden – haben ihren Nutzen.
Aus Ninas Klasse nehmen derzeit zwei Kinder *mit leichten grammatikalischen Schwierigkeiten* an der DaZ-Förderung teil. Die Klassenlehrerin kann die Kinder aber nicht immer aus dem Regelunterricht herausnehmen, *es gibt immer eine bestimmte Zeit, und das muss reichen.* Auf die Frage nach Inhalten der DaZ-Förderung antwortete sie, dass dies von jedem Lehrer unterschiedlich gestaltet werde. Der Lehrerwechsel erschwert die Koordination der Unterrichtsinhalte. Auch die Schülergruppe, die aus zwölf Kindern aus unterschiedlichen Klassen besteht, ist in ihren Leistungsständen sehr heterogen.
Ninas Mutter steht der DaZ-Förderung an der Grundschule skeptisch gegenüber. Sie vertritt die Meinung, *dass solche Sprachkurse nichts bringen.*

Ihre ältere Tochter habe einen ähnlichen Kurs besucht und nichts darin gelernt. Die Mutter meint, solche Kurse fänden statt, *nur weil Geld dafür bereitgestellt wurde*. Ihrer Meinung nach haben die Kinder bereits beim Spielen mit ihren Freunden das gelernt, was in diesem Kurs gemacht wird. Denn die Kinder sprechen untereinander Deutsch, nur mit ihren Eltern sprechen sie ihre Erstsprachen. Auf die Frage, warum die Kinder von den Lehrkräften als förderbedürftig eingestuft worden seien, ob nicht der geringe Wortschatz eine Rolle gespielt habe, antwortet die Mutter, dass ihres Erachtens *nur die Zweitsprachigkeit dafür ausschlaggebend war*. Eine systematische Überprüfung des Sprachentwicklungsstandes oder eine Feststellung von Sprachentwicklungstendenzen fand nicht statt.

Sprachentwicklungstendenzen zeigen uns die „Zone der nächsten Entwicklung" an. Sie ist die Differenz zwischen
1. eigenständigen sprachlichen Kompetenzen und
2. Ausdrucksmöglichkeiten/Kompetenzen, die mit zusätzlicher Hilfe (z. B. in Form von Satzvervollständigungen oder Beispielsätzen/Sprachmodellen) möglich werden.
Die Zone der intensiven Beschäftigung zeigt an, mit welchem sprachlichen Phänomen sich ein Kind gerade beschäftigt. Es korrigiert sich z. B. in diesem Bereich häufiger als in anderen Bereichen.

Welche Sprachen spricht Nina mit wem am Ende der Grundschulzeit?

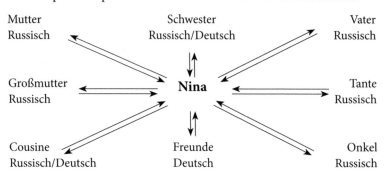

Am Ende der Grundschulzeit spricht Nina mit ihren Eltern, ihrer Großmutter, ihrer Tante und ihrem Onkel Russisch. Nach der Einschulung hat sie allmählich damit begonnen, mit der Cousine und später auch mit der älteren Schwester Deutsch zu sprechen. Mit den Freunden, die zum Teil auch aus russischsprachigen Aussiedlerfamilien kommen, spricht Nina ausschließlich Deutsch.

Obwohl Nina über sehr gute mündliche Kompetenzen im Russischen verfügt sowie auf Russisch lesen und schreiben kann, ist Deutsch inzwischen ihre stärkere Sprache. Nina bezeichnet ihre Russischkenntnisse als *nicht gut*. Dies bezieht sie vor allem darauf, dass sie auf Russisch nicht so gut lesen kann wie auf Deutsch: *Das Lesen auf Deutsch bereitet einfach mehr Spaß*. Nach Meinung von Ninas Mutter hat Ninas Zweitsprache Deutsch die Erstsprache Russisch *mit der Alphabetisierung in der Schule überholt*.

Ninas Deutschkompetenzen

Wie fing alles an?

Im Kindergarten konnte man beobachten, dass Nina nach einer Phase, in der sie sich in die neue Sprache einhörte und nur wenig sprach, zunächst vor allem an Wörtern interessiert war und sie „sammelte". Auch gegen Ende des ersten Kindergartenjahres, im Alter von vier Jahren und fünf Monaten, neigt sie dazu, sich mithilfe von Substantiven zu verständigen:

276	N:	*katze + bär.*
277		*fisch fisch fisch fisch.*
278		*ein könig + ein spielzeug +*
279		*ein fro:sch.*
280		*und ein schuh und ein (baum).*

Nina interessiert sich für einzelne deutsche Wörter und sucht nach ihren möglichst genauen Entsprechungen im Russischen. Im Interview gegen Ende der Grundschulzeit bezeichnet sie für ihren Deutscherwerb im Kindergarten als hilfreich, dass eine russischsprachige Betreuerin für sie deutsche Wörter ins Russische übersetzte.

Nachdem Nina sich einen ersten Basiswortschatz angeeignet hat, setzt allmählich der Prozess der Grammatikalisierung ein. Im syntaktischen Bereich produziert sie zunächst Ein- und Mehrwortäußerungen. Dann beginnt sie zunehmend sicherer, etwa mit vier Jahren und elf Monaten, Subjekt-Verb-Objekt-Sätze zu bilden, z. B. (am 13.12.2004 und am 23.06.2004):

85	N:	*nei::::n + die ist weiß.*
(...)		
80	N:	*dieses sagt mu:: guten morgen!*

Im morphologischen Bereich gebraucht Nina zunehmend mehr Artikel. Es kommen erste Kasus- und Pluralmarkierungen vor. Ab dem zweiten Kindergartenjahr sind auch (meist memorierte) Präpositionalphrasen wie *mit dem Auto, mit dem Fahrrad, in den Straßen, auf dem Wasser* festzustellen.

Wie waren Ninas Deutschkenntnisse bei der Einschulung?

Ninas Mutter gibt an, dass sie sich im Vorfeld der Untersuchung beim Schulpsychologischen Dienst große Sorgen gemacht hat, weil in ihrem Bekanntenkreis viele Eltern mit den Untersuchungsergebnissen nicht einverstanden waren. Die Mutter fragte den Schulpsychologen dann explizit nach seiner Einschätzung von Ninas Deutschkenntnissen. Sie bekam die Antwort, dass *Ninas Zweitsprache sich gut entwickelt und das Mädchen zum Zeitpunkt der Einschulung gute Deutschkenntnisse aufweist.*

Ninas Klassenlehrerin berichtet: *Bereits in der ersten Klasse hatte Nina keine Lücken aufzuweisen.* Im Bereich der alltäglichen Kommunikation war ihr Stand nach Einschätzung der Lehrerin mit dem einsprachiger deutscher Kinder vergleichbar. Auch Nina ist der Meinung, dass sie gegen Ende der Kindergartenzeit genug Deutsch konnte, um in der Schule mitzukommen. Die Lehrerin sagt: Als sie eingeschult wurde, *sprach sie schon.* Dabei vergleicht sie Ninas Deutschkenntnisse sicherlich mit denen ihrer älteren Schwester, die erst mit neun Jahren nach Deutschland kam und als Quereinsteigerin einen ganz anderen Spracherwerbsverlauf hatte. Aber auch *sie hat ganz schnell Deutsch gelernt und sich in Windeseile an die Spitze der Klasse gesetzt.* Deswegen vermutet die Lehrerin, dass die Schwestern ein Sprachtalent bzw. eine Sprachlernbegabung haben.

Exkurs: Was wird unter Sprachlernbegabung verstanden?

Wodurch zeichnen sich Menschen mit Sprachlernbegabung aus? Zunächst einmal müssen Rhythmus und Melodie der zu erlernenden Sprache erfasst sowie typische Lautfolgen erkannt und gespeichert werden. Dazu wird ein gutes Arbeitsgedächtnis benötigt, in dem Besonderheiten der fremden Sprache so lange gehalten werden können, bis sie dekodiert und in den Langzeitspeicher überführt sind. Neben einem guten Arbeitsgedächtnis verfügen Sprachlernbegabte folglich auch über ein gutes Langzeitgedächtnis. Denn wer eine fremde Sprache erfolgreich lernen will, muss auch wiederkehrende Muster erkennen können und, falls diese einmal – z. B. wegen störender Geräusche – nicht vollständig erfasst werden konnten, in der Lage sein, unvollständige sprachliche Muster zu ergänzen. Älteren und insbesondere gebildeten Lernern, die schon eine fremde Sprache gelernt haben,

Gutes Arbeits- und Langzeitgedächtnis

fällt es meist leichter, über Sprache(n) zu reflektieren. Auch solche metasprachlichen Fertigkeiten können das Aneignen einer fremden Sprache erleichtern.

Nina mag über solche besonderen Fähigkeiten verfügen. In ihrem Falle spielen aber zweifellos auch der Einfluss des sprachlichen Umfeldes und der sozioökonomische Status der Eltern eine wichtige Rolle. Untersuchungsergebnisse zeigen, dass Kinder aus gebildeten Elternhäusern (und dazu zählt das Elternhaus von Nina zweifellos) mit sehr viel mehr Wörtern konfrontiert werden als Kinder aus bildungsfernen Familien und dass Erstere deshalb zu Schulbeginn i. d. R. auch über einen erheblich größeren Wortschatz verfügen.

	Schulanfänger aus bildungsferner Familie	Schulanfänger aus gebildeter Familie
Produktiver Wortschatz	5.000 Wörter	9.000 Wörter
Rezeptiver Wortschatz	10.000 Wörter	14.000 Wörter

Ein großer Wortschatz in der Erstsprache erleichtert die Aneignung eines entsprechenden Wortschatzes in der Zweitsprache.

Wie sind Ninas Deutschkenntnisse am Ende der Grundschulzeit?

Nina bezeichnet Deutsch als ihre starke Sprache. Sie vermisst darin allerdings Ausdrücke z. B. für kulinarische Spezialitäten aus der Heimat ihrer Eltern wie *pelmeni* (eine Art Tortellini mit Fleischfüllung) oder *vinegret* (eine Beilage aus roter Bete und gekochtem Gemüse). Ihrer Selbsteinschätzung nach kann Nina Deutsch *nicht schlecht, sodass man sich darum keine Sorgen machen muss.* Dies ist sicherlich bescheiden, denn die Klassenlehrerin ist voll des Lobes für Ninas zweisprachliche Kompetenzen.

Um einen Eindruck von Ninas schriftlichen Ausdrucksfähigkeiten zu vermitteln, wird im Folgenden einer ihrer Texte gezeigt. Es handelt sich um eine Fabel, die Nina im Dezember des letzten Grundschuljahres geschrieben hat. Der Text wurde als Klassenarbeit verfasst und von der Lehrerin mit einer Eins für das Formulieren und einer Zwei für die Schrift bewertet.

Die Aufgabe war dabei:
- sich eine Bilderabfolge mit Sprechblasen anzuschauen,
- eine Fabel mit vier Einteilungen (Begegnung der Tiere, Herausforderung, Wendepunkt, Lehre) zu schreiben,
- eine Überschrift zu finden.

Insgesamt kann festgestellt werden, dass Nina die Fabel logisch sowie anschaulich aufgebaut und die vier Einteilungen berücksichtigt hat. Sie hat darüber hinaus wörtliche Rede und unterschiedliche Satzanfänge eingesetzt.

Nina verwendet beim Schreiben unterschiedliche Mittel, die ihre guten schriftsprachlichen Kompetenzen bestätigen:

Sprachliche Mittel belegen gute schriftsprachliche Kompetenzen

- schriftsprachliche Formeln wie *eines Tages,*
- seltenere Wörter wie *Pranke, nagen,*
- Nebensätze wie *bis im Netz ein Loch war,*
- Konstruktion Modalverb + Infinitiv, z. B. *um ihn zu ärgern,*
- Genitivkonstruktionen wie *im Schatten eines Baumes, das Stöhnen des Löwen,*
- Präteritumsformen wie *schlief, lag, hörte, bettelte,*
- Partizip I wie *stöhnend.*

Nummer 3

Die Maus und der Löwe.
Ein großer Löwe lag im Schatten eines Baumes
und schlief. Eine kleine Maus lief über den Löwen,
um ihn zu ärgern. Mit einer Pranke
schnappte der Löwe die Maus und hielt
sie fest. Die Maus bettelte: „Bitte lass mich
laufen! Eines Tages kann ich dir vielleicht
auch helfen!" Der Löwe lachte aber ließ
die kleine Maus laufen. Die kleine Maus
lief weg. Ein Jäger kam vorbei und fing den
Löwen in einem großem Netz. Stöhnend versuchte
der Löwe sich zu befreien, aber er schaffte schaffte es nicht. Die Maus hörte das
Stöhnen des Löwens und lief zu ihm,
um zu gucken, was los ist. „Bitte liebe
Maus, befreie mich aus dem Netz!", bettelte der Löwe. Sofort fing die Maus zu
nagen an bis im Netz ein Loch war, das den
Löwe durchpasste. „Ich bin dir sehr dankbar!
Vielen Dank!", bedankte sich der Löwe.
Wenn man zu anderen nett ist, sind sie
auch zu dir nett! das zeigt die Fabel

Gr

Sab

Die Lehrerin zeigt sich über Ninas Ausdruckweise im Deutschen begeistert: *Sie ist wirklich fantastisch. Wenn ich Aufsätze habe, sie schreibt so gestochen, besser. Da kann kein deutsches Kind rankommen.* Sie vergleicht Ninas meist tadellose Arbeiten mit den Arbeiten anderer Schüler und findet, dass viele deutsche Kinder vor allem aus spracharmen Familien verstärkt sprachliche Förderung brauchen, weil sie grammatische Fehler machen.

Ein wichtiger Grund für Ninas ausgezeichnete Deutschkenntnisse und ihre gute Ausdrucksweise beim Schreiben muss darin gesehen werden, dass das Kind viel auf Deutsch liest und mit seinen Eltern über das Gelesene spricht. Nina geht regelmäßig in die Stadtbücherei und entleiht dort deutsche Bücher, vor allem Fantasy-Romane. Dass Lesen ihr viel bedeutet und großen Spaß macht, ist daran zu sehen, wie begeistert sie beim Interview über das Buch spricht, das sie aktuell liest, und es auch umgehend zeigt.

Exkurs: Merkmale gesprochener und geschriebener Sprache

gesprochene Sprache (Alltagssprache)	geschriebene (literale) Sprache
ist flüchtig, flexibel und ungenau, daher schwerer erlernbar	ist wiederholbar, genau, weniger flexibel, regt die Vorstellungskraft an
dient der Regulation zwischenmenschlichen Verhaltens	dient der Strukturierung von Wissen
i. d. R. Sichtkontakt; Wörter werden in den Kontext eingepasst	kein „Sichtkontakt" zu den literarischen Figuren; Wörter erzeugen fiktive/imaginierte Welten, regen die Vorstellungskraft an
Bedeutungen können über den Kontext und mithilfe von Gestik und Mimik erschlossen werden.	Bedeutungen müssen aus dem sprachlichen Kontext erschlossen werden; sie werden meist auch dekontextualisiert.[16]
	durch Imaginieren und Dekontextualisieren kommt es zu einer tieferen Verarbeitung und besseren Speicherung
meist einfache, unmarkierte Wörter[17]	vielfältiges (d. h. reiches und auch markiertes) Wortmaterial
einfache Sätze oder koordinierte Sätze (Sätze, die z. B. mit *und* verbunden werden)	auch Nebensätze oder Attributionen (vgl. z. B.: *der kleine, dicke Mann*)

Trotz der Einschätzung der Lehrerin, dass Nina in Deutsch *top* und *super gut* ist, lässt sich feststellen, dass Ninas Deutscherwerb noch andauert.

Welche Bereiche der deutschen Sprache werden am Ende der Grundschulzeit noch ausgebaut?

- **Wortschatz:** Die meisten Entwicklungen erfolgen bei Nina im Wortschatzbereich. Einige der Wörter, deren Aussprache ihr Schwierigkeiten bereitet haben, sind Nina besonders in Erinnerung geblieben: *Ich erinnere mich, in der dritten Klasse war schwierig „Information"* (…) *ich sagte immer „Ifomation"*. Neue Wörter erwirbt Nina kontinuierlich. Das erfolgt meist beiläufig, z. B. durch die Textarbeit. Die Lehrerin sagt dazu, dass es im Unterricht bei allen, auch bei deutschen Kindern vorkommt, dass sie die Bedeutung eines Wortes nicht kennen: *Wir haben entsprechende*

---

16 Wörter werden anfangs immer mit Erlebnissen (Szene, Handlungen) assoziiert. Dekontextualisieren bedeutet, dass Lerner von diesen Erlebnissen abstrahieren lernen.

17 Unmarkiert sind Wörter, die in vielen Zusammenhängen brauchbar sind. So kann man z. B. *gehen* [unmarkiert] fast immer verwenden. Dagegen sind *schlurfen* oder *schleichen* markiert. Im Deutschen sind markierte Wörter oft an Zusätzen erkennbar: z. B. *Löffel* [unmarkiert], aber *Kaffeelöffel* oder *springen*, aber *anspringen*. Unmarkierte Wörter werden häufig zur Überbrückung von Wortschatzlücken verwendet.

Lesetexte. Und wenn etwas nicht klar ist, versuchen es sich die Kinder ge-
genseitig zu erklären, und da fällt Nina auch nicht auf. Die Mutter meint,
dass Nina sowohl im Deutschen als auch im Russischen eher Probleme
mit schriftsprachlichen Strukturen und weniger mit Einzelwörtern hat.

- **Artikelgebrauch:** Ninas Mutter gibt an, dass ihre Tochter zwar relativ
  selten, aber doch hin und wieder Unsicherheiten im Artikelgebrauch
  zeigt. Die Mutter hat gehört, wie Nina hinsichtlich der Artikel von ihrer
  älteren Schwester korrigiert wird. Die Mutter gibt an, dass Nina in solchen Fällen das grammatische Geschlecht russischer Substantive auf
  deutsche überträgt. Vom Deutschen auf das Russische sind solche Interferenzen in der mündlichen Sprachproduktion nicht zu beobachten.
  In Ninas schriftlichen Schularbeiten sind keine Artikelunsicherheiten
  festzustellen.
- **Satzbau:** Im Bereich des Satzbaus ist der Erwerbsprozess im Deutschen
  bei Nina bereits abgeschlossen. Die Mutter meint, dass sie, ähnlich wie
  einsprachig deutsche Kinder, ein Sprachgefühl hat und über keine expliziten Regeln, wie sie aus dem Bereich Deutsch als Fremdsprache bekannt sind, verfügt: *Sie kennt ja die Sprache.* Auf unsere Nachfrage bestätigt Nina, dass sie sich keine Gedanken über die grammatischen Regeln
  der deutschen Sprache macht und sich eher auf ihre sprachliche Intuition verlässt. Das war aber wohl nicht immer so: Noch zu Beginn der
  Grundschule warfen einige grammatische Phänomene, z. B. die Inversion, bei Nina Fragen auf: *Uns sagte die Lehrerin, man muss sagen, wenn
  man erzählt, „trug ich" und nicht „ich trug", wenn es in einem Satz ist.
  Aus irgendeinem Grund sagt man das. Mir war das zunächst nicht klar.
  Das war in der ersten Klasse. Jetzt habe ich verstanden, dass es nicht
  klingt, wenn man sagt „gestern ich trug".* Somit fokussierte Nina damals
  die Inversion im Deutschen.
- **Rechtschreibung:** Beim Schreiben ergeben sich bei Nina Übertragungen (sogenannte Interferenzen) aus dem Russischen. Zum einen betref-
  fen sie die Groß- bzw. Kleinschreibung der Substantive, die Mutter sagt
  dazu: *Nina kann in einem deutschen Diktat Substantive automatisch
  kleinschreiben.* Zum anderen vertauscht Nina einzelne Buchstaben, die
  im lateinischen und kyrillischen Alphabet gleich geschrieben, die aber
  unterschiedlich ausgesprochen werden: *Sie verwechselt häufig ähnliche
  Buchstaben wie g und d.* Im Russischunterricht bei der Großmutter
  treten manchmal dieselben Phänomene auf: Großschreibung von Substantiven und Buchstabenverwechselung. Solche Irritationen sind in den
  Augen der Mutter der einzige Nachteil, wenn Kinder zusätzlich in einer

*Interferenzen aus
dem Russischen*

anderen Sprache lesen und schreiben können. Die Mutter berichtet, dass in der Zeit, als der Russischunterricht von der Großmutter intensiv (zweimal wöchentlich) durchgeführt wurde, Nina auf einmal im Deutschunterricht ein Diktat mit vielen solchen Verdrehungen geschrieben hat. Während des Elterngesprächs zeigte sich die Klassenlehrerin deswegen irritiert. Nach den Erläuterungen der Mutter gab sie schließlich zu erkennen, dass sie an den erstsprachlichen Einfluss nicht gedacht hatte. Daraufhin wurde der Russischunterricht weniger intensiv (nur einmal wöchentlich) durchgeführt. Die Mutter meint, dass *Nina sich damals noch nicht koordinieren konnte.* Dadurch fühlt sich die Mutter in ihrer Vorgehensweise bestätigt, dass sie die Alphabetisierung im Russischen vorgezogen hatte.

Welche metasprachlichen Aktivitäten zeigt das Kind?
Bereits im Kindergarten zeichnete sich Nina dadurch aus, dass sie auf einer metasprachlichen Ebene über ihre beiden Sprachen reflektierte. Insbesondere auf der lautlichen Ebene versuchte sie, die Sprachen miteinander zu vergleichen: Sie experimentierte mit ihrem Klang, reimte Elemente beider Sprachen miteinander, fokussierte Besonderheiten des deutschen Lautsystems und charakteristische Abweichungen russischsprachiger Deutschlerner.

Auch in der Grundschule ist der russische Akzent das Erste, was Nina fokussiert, wenn ihre Mutter sie um eine Einschätzung von Deutschkenntnissen anderer russischsprachiger Erwachsener bittet. Wenn aber die Mutter betont, dass alle Erwachsenen einen Akzent haben und dass sie eher auf Endungen, Artikel und Satzbau achten soll, beginnt Nina nachzudenken. Sie erinnert sich an das Gespräch zurück und produziert dann differenziertere Aussagen: *Diese Mutter spricht gut, fast alles ist richtig, und sie hat bloß einen Akzent. Und die andere Mutter spricht ganz schlecht, fast alles ist falsch.* Wenn Ninas Mutter dann um eine Entsprechung im Russischen bittet, damit sie vergleichen kann, sagt das Kind auf Russisch: *Diese Mutter hat anscheinend alle Endungen richtig, aber so sprechen die Deutschen nicht. Als ob sie den Satz aufgeschrieben hat und jedes Wort ins Deutsche übersetzt hat, aber alles ist Russisch geblieben.*

Zu solchen expliziten Kommentaren ist Nina erst seit ein bis zwei Jahren in der Lage. Auf ähnliche Fragen konnte sie im Kindergartenalter oder in der ersten Klasse noch nicht so genau antworten: *Sie hat es zwar gespürt, konnte es aber nicht auf den Punkt bringen,* so die Mutter. Aber auch gegen Ende der Grundschulzeit kommt es vor, dass Nina sprachliche Abweichungen nicht benennen oder erklären kann.

Lernverhalten und Lernstrategien

Wie lernt Nina im Unterricht?
Nina gibt an, dass ihre Schwierigkeiten nicht darin bestehen, einzelne Wörter, sondern größere inhaltliche Zusammenhänge zu erfassen. Als Beispiel führt sie grammatische Regeln und Rechtschreibregeln an, die im Unterricht behandelt werden: *Die Lehrerin sagte, „Das und das kann man nicht zusammenschreiben". Und ich habe das nicht verstanden, warum das so ist. Man kann es verwechseln, warum nicht.* Falls Nina eine Regel nicht verstanden hat, hat sie keine Angst, die Lehrerin um Erklärungen zu bitten. Meist erläutert die Lehrerin die Regel noch einmal für alle Kinder. Dabei werden oft grafische Symbole verwendet, die Nina für das Verstehen hilfreich findet.

Im Unterricht werden häufig Aufgaben gestellt, bei denen die Kinder im Wörterbuch nachschlagen sollen. Zur Verfügung steht dafür ein einsprachiges Rechtschreibwörterbuch mit zusätzlichen grammatischen Informationen, z. B. Plural- und Präteritumsformen. Die Lehrerin findet, dass Nina über Erfahrungen beim Benutzen von Wörterbüchern verfügt. Zum einen, weil sie sich darin gut orientieren und Wörter schnell nachschlagen kann, zum anderen macht sie so gut wie keine Rechtschreibfehler: *Sonst hätte sie nicht so fehlerfrei arbeiten können, wobei sie auf Wörterbücher nicht angewiesen ist.*

Wichtig wäre es, Nina die Möglichkeit zu geben, in einem zweisprachigen Wörterbuch nachzuschlagen. Dadurch könnte sie im Unterricht von ihrer Zweisprachigkeit profitieren und ihre Erst- und Zweitsprache stärker miteinander vernetzen.

Welche Übungen im Unterricht werden als sinnvoll und effektiv erachtet? Nina findet es gut, wenn das Lernen von neuen Wörtern in Kontexten erfolgt. So erinnert sie sich an eine Übung, in der neue Wörter in Anekdoten bzw. witzige Geschichten eingeflochten wurden. Die Kinder sollten Texte zunächst abschreiben und dann die neuen Wörter zu verstehen versuchen. Nina berichtet, dass diese Übung allen viel Spaß gemacht hat und sie sich dadurch Wörter besser einprägen konnte. Nina meint außerdem, dass die Gruppenarbeit die effektivste Arbeitsform darstellt: *Die Lehrer sollten den Kindern erlauben, sich in einer kleinen Gruppe auszutauschen, damit sie sich gegenseitig unterstützen können und diskutieren können.* Das Mädchen hat also intuitiv erfasst, dass man Sprachen durch Sprechen lernt.

Die Mutter findet die Übungen zum Satzbau besonders effektiv, in denen Fehler gefunden oder durcheinandergebrachte Wörter zu Sätzen geordnet werden sollten. Sie bedauert es sehr, dass solche Übungen im Unterricht nur selten vorkommen, *weil sie die Aufmerksamkeit der Kinder auf bestimmte Phänomene gut fokussieren.* Sie findet solche Übungen gut, weil Nina hinsichtlich der Grammatik rein intuitiv handelt. Bei der Satzbau-Übung spürte sie zwar die Unstimmigkeiten, konnte aber den Fehler nicht benennen: *Hier stimmt etwas nicht. Was, weiß ich nicht, aber so spricht man nicht.*

Diese Übungen findet das **Kind** anregend: neue Wörter aus dem Kontext (Anekdoten) erraten sowie alle Übungen, die als Gruppenarbeit gemacht werden.
Diese Übungen findet die **Mutter** hilfreich: Fehler (z. B. im Satzbau) finden sowie aus durcheinandergebrachten Wörtern Sätze bilden.

Wie verhält sich Nina zu Hause?

Nina ist gut organisiert, ihre Hausaufgaben macht sie sofort, nachdem sie von der Schule nach Hause kommt. Dafür setzt sie sich an ihren Schreibtisch und liest aufmerksam die Aufgaben durch. Wenn ihr etwas unverständlich ist, fragt sie ihre Schwester, ihre Mutter oder telefoniert mit ihren Mitschülern. Falls sie auch da keine Antwort findet, recherchiert sie im Internet. Meist handelt es sich dabei um inhaltliche Fragen. Wenn Nina in der Klasse Texte mit eigenen Worten wiedergeben soll, liest sie den Text vorab zu Hause durch und macht sich Gedanken über den Inhalt, übt die Nacherzählung aber nicht. Erst beim Nacherzählen in der Schule bemüht sie sich um den richtigen Ausdruck.

Wie geht Nina mit unbekannten Wörtern um?

Wenn Nina auf unbekannte Wörter trifft, fragt sie bevorzugt Personen, beispielsweise ihre ältere Schwester, weil es schneller geht. Als zweite Möglichkeit schlägt sie im deutsch-russischen Wörterbuch oder in einem deutschrussischen Online-Wörterbuch nach. Falls ihr auch das russische Wort unbekannt ist, fragt sie ihre Mutter.

Online-Wörterbücher spielen eine zunehmend wichtige Rolle. Lehrerinnen und Lehrer können den Kindern und Eltern gute, altersgemäße Online-Wörterbücher empfehlen. Die Eltern sollten darüber hinaus aber auch Kriterien kennenlernen, um selbst beurteilen zu können, was ein gutes Wörterbuch ist. Es sollte z. B. nicht nur Inhaltswörter (Substantive, Verben und Adjektive) enthalten, erforderlich sind auch Angaben zu Genus- und Pluralformen sowie zu Kollokationen und Redewendungen. (Vgl. dazu z. B. APELTAUER 2007 b, 101 ff.)

Nina schlägt Wörter aus Schultexten und – bedeutend häufiger – aus deutschen Büchern, die sie zu Hause privat liest, nach. Das letzte nachgeschlagene Wort stammt aus dem aktuell gelesenen Fantasy-Roman, den Nina in der Stadtbücherei entliehen hat. Nina gebraucht das Wort in einem Satz und übersetzt es ins Russische: *Sie fuhren an einem GALGEN vorbei. Galgen – viselica.* Sowohl das deutsche als auch das russische Substantiv waren dem Mädchen unbekannt.

Ninas Mutter steuert den Wortschatzerwerb ihrer Tochter in beiden Sprachen. Sie hat ein Gespür dafür entwickelt, welche Bedeutungen bzw. Wörter Nina unbekannt sein könnten. Dabei unterscheidet die Mutter:

- Wörter, deren Bedeutung Nina verstehen kann, wenn sie sich darüber Gedanken macht. Dazu gehören z. B. Wörter einer Wortfamilie oder abgeleitete Wörter wie *tragen – der Träger.*
- Wörter, die weniger wichtig sind und deren Bedeutung ungefähr aus dem Kontext erschlossen werden kann.
- Wichtige Schlüsselwörter, ohne die der ganze Satz bzw. Text nicht verstanden werden kann.

Bei den Schlüsselwörtern schlägt die Mutter gemeinsam mit Nina im Wörterbuch nach: *Häufig kommt es zu einem Aha-Effekt bei Nina.* Deswegen regt die Mutter das Kind an, mehr mit dem Wörterbuch zu arbeiten, obwohl dies länger dauert. Die Mutter übt mit Nina den Gebrauch des Print-Wörterbuchs: Wie finde ich ein Wort? Welche grammatischen Informationen stehen dort noch?

Häufig fordert die Mutter das Kind auf, die Lehrerin nach der Bedeutung unbekannter Wörter oder Strukturen zu fragen. In der Schule stellt Nina dann fest, dass *die Hälfte der Klasse, auch deutsche Kinder* die Bedeutung nicht versteht. Dazu gehören neben Sprichwörtern auch Phraseologismen, als Beispiel gibt die Mutter *ich habe die Nase voll* an.

Auf die Frage, wie sie sich die neuen Wörter merkt, sagt Nina, dass sie diese *aufschreibt und mehrfach laut vorliest.* Hilfreich findet sie dafür Unterrichtsbögen (Arbeitsbögen mit Texten und unterschiedlichen Aufgaben), die man in der Schule bekommt. Falls ein unbekanntes Wort im Text steht, liest sie zunächst den ganzen Text, dann das Wort *mehrmals wie ein Gedicht* vor.

Nach ihrer eigenen Aussage lernt Nina gerne Gedichte, im Rahmen des Interviews rezitiert sie das Gedicht „Wenn es Winter wird" von Christian Morgenstern. Auf die Frage, wie sie es auswendig gelernt hat, erzählte Nina, dass sie es sich *nach und nach* gemerkt hat. Sie habe es mehrfach gelesen, häufig vor dem Einschlafen. Wenn sie sich mit anderen Sachen beschäftigt hat, z. B. mit den Hausaufgaben, hat sie es *in Gedanken wiederholt*. Das Lernen fand also parallel zu anderen Aktivitäten statt.

Das Mädchen scheint eher ein auditiver Lerntyp zu sein. Im Interview erwähnt sie mehrfach ihre Lerntechnik, bei der sie vor sich hin spricht.

> Wichtige Elemente in Ninas Lernprozess sind die innere Beteiligung (*mit Interesse lernen*), das Vor-sich-hin-Sprechen als Lerntechnik sowie die Wiederholung des in der Schule Gelernten zu Hause.

Profitiert Nina von ihren Sprachlernerfahrungen beim Englischlernen?
Englisch lernt Nina seit der dritten Klasse, zurzeit hat sie zwei Unterrichtsstunden pro Woche. Auf Nachfrage räumt sie ein, dass ihre Sprachlernerfahrungen beim Englischlernen hilfreich sind: *Ich weiß, wie man Englisch lernt – genauso wie Deutsch*. Insbesondere hebt sie hervor, dass es hilft, neue Wörter mehrmals vor sich hin zu sprechen. Über grammatische Regeln macht sich Nina allerdings, ähnlich wie im Russischen oder im Deutschen, keine Gedanken. Bei Schwierigkeiten fragt sie ihre ältere Schwester.

Zur Entwicklung des Englischen gibt Nina an, dass ihr die Sprache zunächst leichtfiel. Sie lernte schnell, weil die Lehrerin beim Erklären auf das Deutsche zurückgriff. Nach etwa einem halben Jahr, nachdem sich die Kinder einen ersten Wortschatz angeeignet hatten, sprach die Lehrerin nur noch Englisch. Ab dieser Zeit fiel Nina das Englischlernen wesentlich schwerer.

Welche Rolle übernimmt die Mutter bei Ninas Lern- und Erwerbsprozessen?
Es wurde bereits erwähnt, dass Nina in einer Akademikerfamilie aufwächst. Die Lehrerin sagt über die Eltern, *dass sie sehr bemüht sind um ihre Kinder, dass sie doch immer einen Blick darauf haben, dass Nina weitergebracht wird*. Die Mutter besucht regelmäßig Elternabende in der Grundschule. Außerdem sucht sie das Gespräch mit der Lehrerin, wenn Nina beispielsweise eine schlechtere Note oder die Anmerkung *beteiligt sich nicht durchgängig* im Zeugnis bekommt. Die Anregungen und Empfehlungen der Lehrerin werden zu Hause sofort umgesetzt: *Die Mutter will dann ganz genau wissen, was sie ändern kann, damit das nicht wieder passiert. Indem sie ihr Material mitgibt, Anregung und und und.*

Nach Aussagen der Mutter kontrolliert sie die Hausaufgaben, *weil Nina sich oft beeilt und manchmal nicht versteht, dass einige Sachen wiederholt und auswendig gelernt werden müssen*. Insbesondere Mathematik-Hausaufgaben werden täglich kontrolliert, weil Nina sie oft in Eile erledigt. Außerdem wird zu Hause das Einmaleins geübt. Die Mutter legt darauf großen Wert, *weil es das Fundament für das weitere Lernen darstellt.*

Für den Heimat- und Sachkundeunterricht lässt die Mutter ihre Tochter Texte lesen und Fragen dazu beantworten. Dies ruft jedoch bei Nina Proteste hervor: *Mama, wir lernen nach einem anderen System. Immer denkst du dir eigene Sachen, hier ist das ganz anders. Das ist bei euch in den russischen Schulen so, und in den deutschen Schule ist es nicht so.* Die Mutter lässt sich aber nicht beirren und hält an dieser Vorgehensweise fest. Auch die Deutsch-Hausaufgaben kontrolliert die Mutter und lässt Nina beispielsweise Regeln memorieren. Sie kritisiert, dass in der Schule zwar Regeln vermittelt werden, die Kinder aber nicht angeleitet werden, diese zu lernen: *Dann kommt ein Moment, dass diese Regeln abgefragt werden. Hier ist überhaupt so ein Bildungssystem: Der Unterrichtsstoff wird vermittelt und anscheinend vergessen. Später stellt sich heraus, dass das notwendig ist und abgefragt wird.*

Als Beispiel gibt die Mutter an, dass in der Schule vor kurzem der Satzbau durchgenommen wurde. Nina hatte, als sie ihre Hausaufgabe gemacht hat, mehrere Fehler. Das Kind hat dem keine Bedeutung beigemessen, in der Hoffnung, dass in der Klasse die Sätze analysiert werden. Daraufhin hat die Mutter vorgeschlagen, die Sätze gemeinsam zu analysieren. Als das Mädchen *angefangen hat zu schwimmen* und nicht erklären konnte, was ein Subjekt und was ein Prädikat ist, erklärte es die Mutter auf Russisch. Danach nahm sie etwa 15 Sätze und ließ Nina darin Subjekte und Prädikate finden. Es kam zwar zu einem Streit zwischen der Mutter und dem Kind, aber in der Klassenarbeit am nächsten Tag hatte Nina als Einzige keine Fehler. Der Rest der Klasse hatte so schlechte Ergebnisse, dass die Lehrerin genauso wie Ninas Mutter vorgegangen ist. Das hat die Mutter darin bestätigt, bei Bedarf mit Nina auch weiterhin Übungen zu Hause zu machen.

Die Hausaufgaben im Englischen kann die Mutter nicht kontrollieren, weil sie nicht über Englischkenntnisse verfügt. Deswegen hat sie Ninas ältere Schwester darum gebeten, die Hausaufgaben zu überprüfen und, falls Unklarheiten bleiben, Ninas Fragen zu beantworten.

Ninas Mutter vertritt die Ansicht, dass Memorieren das Gedächtnis trainiert und die Wortschatzentwicklung fördert. Schon früh brachte sie Nina kurze russische Kindergedichte bei. Sie bedauert es sehr, dass in deutschen Kindergärten und Schulen fast nie Gedichte auswendig gelernt werden.

> Die Eltern haben während ihrer Sozialisation erfahren, dass Auswendiglernen einen hohen Stellenwert hat. Sie vermissen das im deutschen Bildungssystem.

4 Zusammenfassung

Jedes Kind hat sein eigenes Zeitmaß der Entwicklung.   *Emmi Pickler*

Anhand der Sprachbiografien der drei Mädchen Havva, Zübeyde und Nina wurde versucht, den Blick der Leser für sprachliche Phänomene zu schärfen. Dazu wurden typische Phänomene, die bei der Aneignung des Deutschen als Zweit-/Drittsprache beobachtbar sind, vorgestellt. Es wurden aber auch lernerspezifische Phänomene präsentiert und erörtert. Nehmen wir z. B. die „Verdreher": Wenn Lernende sich auf einer bestimmten Sprachentwicklungsstufe befinden, treten bei ihnen bestimmte Verdrehungen (vgl. z. B. fehlende Inversion) auf. Daneben gibt es aber auch lernerspezifische Verdrehungen, die wir nur bei einem (oder wenigen) Lerner(n) finden (z. B. durch die Kombination von sprachlichen Formeln). Doch auch solche lernerspezifischen Abweichungen sind von Interesse, ermöglichen sie doch Rückschlüsse auf ein bestimmtes Lernverhalten oder auf präferierte Lernstrategien (z. B. bei Havva).

Lehrkräfte können solche Phänomene gewöhnlich nicht eingehender betrachten, weil gesprochene Sprache flüchtig ist und sie i. d. R. parallel dazu viele Schüler gleichzeitig kontrollieren sollen. Darum wurden hier exemplarisch einige typische lernersprachliche Übergangsphänomene sichtbar gemacht und kommentiert.

Ein weiteres Anliegen bestand darin, zu zeigen, wie Lernende in ihr familiäres und soziales Umfeld eingebettet sind und welche Auswirkungen das auf ihre Aneignungsprozesse hat. Denn diese Netzwerke können zweitsprachliche Interaktionen ermöglichen und erleichtern, sie können sie aber auch erschweren oder gar verhindern.

Lernfortschritte in der Zweit-/Drittsprache sind nicht alleine von der Leistungsbereitschaft und der Motivation eines Lernenden oder von seinen spezifischen Voraussetzungen (z. B. Sprachlernbegabung) abhängig. Sie sind auch abhängig von Interaktions- und Kommunikationsmöglichkeiten in einer Klasse und im jeweiligen familiären und sozialen Umfeld.

Beim Durchleuchten dieser Einflussfaktoren dürfte deutlich geworden sein, dass es bei den vorgestellten Kindern große Unterschiede gab. Gleichzeitig wurde aber auch gezeigt, dass sich solche Einflüsse verändern, wie

z. B. bei Havva. Man sollte also darüber nachdenken, wie sich Lernkontexte von Schülern hinsichtlich des Zweit-/Drittspracherwerbs optimieren lassen. Beispiele dafür wurden genannt. Eine Optimierung des Lernumfeldes setzt allerdings voraus, dass sich Lehrkräfte und Eltern zusammensetzen, über solche Möglichkeiten gemeinsam nachdenken und dann auch entsprechend tätig werden. Empfehlungen von Lehrkräften ohne eine genauere Kenntnis des familiären Umfeldes können sich dagegen als kontraproduktiv erweisen, wie wir im Kapitel „Sprachlernbiografie Havva" gesehen haben.

Gezeigt wurde auch, dass Lernende schon in der Vorschulzeit damit beginnen, ihre Lernprozesse selbst zu steuern. Dennoch sind sie in dieser Zeit noch in hohem Maße auf Interaktionsmöglichkeiten und Lernchancen angewiesen, die ihnen von Interaktionspartnern eröffnet werden. Dialoge, die gemeinsam mit Kindern entwickelt werden und in deren Verlauf Lerneräußerungen aufgegriffen, beiläufig korrigiert und evtl. schrittweise erweitert werden (Stichwort: scaffolding), haben in dieser Zeit eine fundamentale Bedeutung für den Aufbau solider sprachlicher Strukturen und Fertigkeiten.

Selbst wenn Eltern entsprechende Anregungen nicht auf Deutsch geben können, wird dadurch das Wissen des Kindes angereichert und sein semantisches Netzwerk dichter geknüpft. Eine Lehrkraft, die über Erlebnisse (von einem Kind oder von seinen Eltern) erfährt, kann sie im Unterricht aufgreifen und vertiefen. Dabei wird das Kind aufgrund seiner Erfahrungen und seines neuen Wissensstandes ein großes Mitteilungsbedürfnis haben, was für die Entwicklung seiner Zweitsprache genutzt werden kann: Weil das Kind etwas mitteilen will und dabei an seine Ausdrucksgrenzen stoßen wird, werden ihm Einhilfen willkommen sein. Und es wird versuchen, seine Ausdrucksgrenzen möglichst rasch zu überwinden.

Wichtig war es auch, mit den hier vorgestellten Untersuchungen zu zeigen, dass jedes Kind einen spezifischen Lernweg beschreitet. Dies zeigt sich z. B. daran, wie schnell (oder langsam) ein bestimmter Wortschatz auf- und ausgebaut wird. Es zeigt sich aber auch an der Zeit, die zum Durchlaufen bestimmter Entwicklungsstufen (z. B. im Bereich der Syntax: Inversion oder Verb-Endstellung; z. B. im Bereich der Morphologie: Tempus- oder Kasusmarkierungen) benötigt wird. Lernwege werden determiniert durch Präferenzen (ob ein Kind gerne Wörter oder sprachliche Formeln oder lieber Regeln sammelt) und bevorzugte Sprachlernstrategien (Raten, Lieder singen, Hüpfen auf Wörter usw.). Sie werden aber auch beeinflusst durch das Umfeld, d. h. sowohl schulische Anregungen als auch Anregungen im jeweiligen Lernumfeld (z. B. der mehr oder weniger differenzierte Sprachgebrauch in der Familie und die vorhandenen oder nicht vorhandenen deutschen Spielgefährtinnen).

Wenn Lehrkräfte etwas über solche Zusammenhänge wissen, so kann das verhindern, dass Schülern gegenüber falsche (bzw. unangemessene) Erwartungen aufgebaut werden. Beispielsweise sollte man das, was man von Nina erwartet, nicht von Zübeyde erwarten, und das, was von Zübeyde erwartet wird, nicht von Havva.

Der hier vorgestellte Ansatz ist umfassender als der eingangs erwähnte Portfolioansatz. Mit anderen Worten: Der Portfolioansatz ist ergänzungsbedürftig. Berücksichtigt werden sollten neben Lernerdaten auch

- das sich verändernde Umfeld der Kinder sowie
- die Wahrnehmungen und Deutungen von Lehrerinnen und Lehrern, die sich erfahrungsbedingt ja auch ändern.

Abschließend sollen noch einige **Gedanken und Fragen zum Weiterdenken** anregen:

1. Lehrkräfte versuchen im DaZ-Unterricht, Sprachlernprozesse zu steuern. Doch solchen Steuerungsversuchen sind Grenzen gesetzt. Denn Kinder können sich jederzeit ausblenden. Das bedeutet nicht, dass sie nicht lernen wollen. Im Gegenteil: Kinder wollen lernen und Probleme, die sie entdeckt haben, überwinden. Sie lassen sich dabei gerne helfen. Selbstkorrekturen, Präzisierungen und Nachfragen geben uns Hinweise darauf, womit sie sich gerade beschäftigen. Dagegen erweisen sich Kinder oft als nicht steuerbar (bzw. korrekturresistent), wenn sie auf etwas hingewiesen werden, das sie gerade nicht interessiert. Wie könnten „Beschäftigungen" der Kinder stärker in den Unterricht einbezogen werden?

2. Lerner entwickeln intuitiv eigene Lernstrategien und Lerntechniken, und sie beschreiten eigene Lernwege. Auf diesen Wegen können Lehrerinnen und Lehrer sie begleiten, unterstützen und auch zum Nachdenken (z. B. über ineffektive Strategien) anregen. Lehrkräfte können Kindern aber nicht ihren Willen oktroyieren. Denn Kinder kontrollieren und steuern ihr Verhalten zunehmend selbst, treffen also auch ihre Entscheidungen. Und auch sprachliche Fertigkeiten müssen von ihnen selbst entwickelt werden – in Interaktionen mit anderen Kindern, mit Erwachsenen oder mit Texten. Für das Erfassen von Lernwegen reicht Portfolioarbeit nicht aus. Wodurch könnte sie ergänzt werden?

3. Isolierte Wortschatz- und Grammatikarbeit vermittelt Wissen über die Zweitsprache, sogenanntes deklaratives Wissen. Dieses Wissen ist abprüfbar, jüngere (aber auch viele ältere) Lerner können es aber in der Praxis kaum nutzen. Offenbar lässt sich deklaratives Wissen (knowing that) nur schwer in prozedurales Wissen (knowing how) überführen. Darum ist es besser, die Zweitsprache zur Vermittlung von Inhalten zu nutzen und nur dann, wenn sich Verständigungsprobleme ergeben, gezielt auf diese einzugehen und bei Bedarf eine Metaebene (z. B. grammatische Terminologie) einzubeziehen. Wie ließe sich ein grammatisches Minimum (auch im Hinblick auf Sprachvergleiche) bestimmen?

4. Wenn im häuslichen Umfeld ein reiches Sprachangebot (z. B. durch Vorlesen) vorhanden ist, können differenzierte sprachliche Fertigkeiten entwickelt werden (vgl. Nina). Wenn sich zudem Gelegenheiten häufen, die Zweitsprache zu gebrauchen, weil mehr Deutsch in der Familie und/oder im Umfeld (Stichwort: deutsche Freundinnen) gesprochen wird, können sich sprachliche Fertigkeiten rascher entwickeln. Es kann sogar zu Entwicklungssprüngen kommen. Solche Entwicklungen lassen sich (wie oben beschrieben) positiv beeinflussen. Was sollte man wissen, damit man ein Umfeld positiv beeinflussen kann?

5. Die gegenwärtig häufig vorhandene Kluft zwischen Schule und Elternhaus erschwert eine Zusammenarbeit zwischen Lehrkräften und Eltern. Dabei sind die meisten zugewanderten Eltern, wie oben gezeigt werden konnte, nicht nur am Schulerfolg ihrer Kinder, sondern auch am erfolgreichen Deutschlernen durchaus interessiert. Darum sollten Eltern stärker in die Bildungsarbeit der Grundschule einbezogen werden. Was konkret könnten Lehrkräfte tun, um gemeinsam mit Eltern das Lernumfeld der Kinder zu optimieren?

6. Erzieherinnen kennen Kinder, die sie über zwei oder drei Jahre betreut haben, meist sehr gut. Sie verfügen über viele Interaktionserfahrungen mit den Kindern und dadurch über Einsichten, die für Lehrkräfte wertvoll sein können. Sie kennen z. B. die Interessen und Neigungen der Kinder, ihre Vorgehensweisen beim Lernen (Stichwort: Lernstrategien), ihre Konzentrationsfähigkeit und Leistungsbereitschaft sowie ihren Ehrgeiz beim Deutschlernen. Könnten solche Quellen künftig besser genutzt werden? Wie ließen sich Verhältnisse auch hier optimieren und wie ließe sich ein Informationsaustausch zwischen Erzieherinnen und Lehrerinnen bzw. Lehrern vor Schuljahresbeginn gestalten?

Anhang

Leitfaden für Elterngespräche

Gespräche mit Eltern sollten immer in einer angenehmen Atmosphäre stattfinden. Lehrerinnen und Lehrer sollten sich dafür Zeit nehmen und sich ganz auf die Gesprächspartner einlassen. Der Raum sollte zudem einladend wirken. Und nicht vergessen: Durch unsere Körpersprache senden wir nonverbale Signale, die den Gesprächsverlauf beeinflussen. Darum: Lächeln nicht vergessen. Oft spiegeln uns Menschen, mit denen wir sprechen, auch unser eigenes (nonverbales) Verhalten.

Ziele eines (Erst-)Gesprächs sollten sein:

1. Vertrauen aufbauen durch aktives Zuhören, z. B. indem man eine Äußerung der Eltern mit eigenen Worten wiederholt. Die Eltern werden sich dann verstanden fühlen oder sie können korrigieren, ergänzen oder differenzieren. In letzterem Falle erhalten Sie wertvolle Zusatzinformationen.

2. Zeigen, dass man an dem Kind wirklich interessiert ist. Eltern freuen sich i. d. R. über ein solches Interesse. Und sie werden bereitwilliger Auskunft erteilen.

3. Einblicke in die Alltagswelt der Familie gewinnen. Dazu sollten die Eltern zum Erzählen angeregt werden, z. B. darüber, wie ein Wochenende in der Familie abläuft oder was am Abend oder im Urlaub (häufig) gemacht wird.

4. Einen Eindruck von den Erzählfähigkeiten der Eltern und von sprachlichen Ausdrucksmitteln in der Zweitsprache gewinnen. Wenn Sie nicht zweisprachig sind und mit einem Dolmetscher arbeiten, sollten Sie diesen um eine Einschätzung der Sprache der Eltern bitten.

5. Informationen über die Lebensgeschichte des Kindes und insbesondere über seine Sprachlerngeschichte sammeln, um zu wissen, was das Kind (vor allem in jüngerer Zeit, einschließlich Kindergarten) erlebt hat, was es interessiert, was es gerne tut, wie es lernt und wie die Eltern versuchen, ihm dabei zu helfen.

Der folgende Leitfaden für Elterngespräche will dazu anregen, möglichst viele Informationen über das Kind, seine Lernprozesse und sein Umfeld zu sammeln, um auf dieser Grundlage sprachliche Förderung gestalten zu können. Gleichzeitig können die Eltern durch ein für beide Seiten anregendes Gespräch für eine Zusammenarbeit gewonnen und durch geschickte

Fragen auch noch beiläufig fortgebildet werden. Ein erfolgreiches Gespräch kann auch zu einer „Fortbildung" für Sie selbst werden.
Die unten aufgeführten Fragen sind als Anregungen gedacht. Sie sollten im Bedarfsfalle modifiziert und/oder ergänzt werden. Durch die Fragen sollen möglichst viele Erzählanlässe geschaffen werden.

Was können Sie mir über Ihre Familie erzählen?
- Bildungshintergrund der Eltern (welche Schulen haben Sie besucht? Dorf/Kleinstadt/Großstadt?)
- Berufstätigkeit (Vater und Mutter? Regelmäßige oder unregelmäßige Arbeitszeiten?)
- Geschwister(reihenfolge)
- Wohnsituation (zufrieden oder Umzug geplant?)
- Kontakte zur Verwandtschaft
- Kontakte zu deutschen Familien in der Nachbarschaft
- Kontakte des Kindes zu deutschen Kindern (wenn ja, wie häufig?)
- Besondere Ereignisse und Erlebnisse in jüngerer Zeit (einschließlich Kindergarten)

Was können Sie mir über Ihr Kind erzählen?
- Was mögen/schätzen Sie an Ihrem Kind? (z. B. Charaktereigenschaften)
- Welche Interessen hat Ihr Kind?
- Hat es in letzter Zeit neue Interessen entwickelt?
- Gibt es Lieblingsbeschäftigungen? Wenn ja, welche?
- Welche Freunde hat Ihr Kind?

Was können Sie mir über die Kindergartenzeit Ihres Kindes erzählen?
- In welchen Kindergarten ging Ihr Kind?
- Wer waren die Erzieherinnen Ihres Kindes? (Namen notieren, falls später einmal Nachfragen erforderlich werden.)
- Welche Aktivitäten/Projekte gab es im Kindergarten, welche Themen wurden behandelt? (Jahreszeiten, Märchen, Inszenierungen, Sportfeste usw.)
- Gab es Sprachfördermaßnahmen? Was wurde da gemacht?
- Wie hat Ihr Kind solche Maßnahmen erlebt? Was hat es darüber erzählt?
- Was hat Ihrem Kind im Kindergarten besonders gefallen?
- Wofür hat es sich interessiert?
- Welche Freunde hatte Ihr Kind im Kindergarten?

Worauf freut sich Ihr Kind? Was möchte es gerne in der Schule machen? (beim Erstgespräch)

Was erzählt Ihr Kind über die Grundschule? (bei einem Folgegespräch)
- Emotionen (Ängste, Freude: Geht es gerne in die Schule?)
- Lieblingsfächer
- Lieblingsaktivitäten (was macht ihm in der Schule Spaß?)

Was können Sie mir über den Sprachgebrauch/die Sprachen in Ihrer Familie erzählen?
- Wer spricht welche Sprache mit wem?
- In welchen Situationen?
- Besuche im Herkunftsland der Familie (wie häufig/lange?)

Was können Sie mir über die erstsprachliche Entwicklung Ihres Kindes erzählen?
- erstsprachliche Kontakte/Situationen
- Wie gut spricht Ihr Kind seine Erstsprache?
- Wird in der Familie in der Erstsprache regelmäßig vorgelesen?
- Werden Geschichten und/oder Märchen erzählt oder vorgelesen?
- Welche Kinderbücher gibt es in der Familie?
- Erhält das Kind schon Anleitungen zum Schreiben?
- Gibt es privaten Unterricht in der Erstsprache?

Was können Sie mir über die zweitsprachliche Entwicklung Ihres Kindes erzählen?
- Wie hat Ihr Kind Deutsch gelernt?
- Gibt es Kontakte zu deutschen Kindern? Wenn ja, wie häufig?
- Wie schätzen Sie seine Deutschkenntnisse ein?
- Worüber kann Ihr Kind schon gut in der Zweitsprache sprechen?
- Wann bzw. bei welchen Gelegenheiten hat Ihr Kind Schwierigkeiten, sich auf Deutsch auszudrücken?
- Was könnte man Ihrer Meinung nach tun, um diese Schwierigkeiten zu überwinden?
- Gibt es Wörterbücher (Nachschlagewerke) in der Familie? Welche?
- Wird das Wörterbuch benutzt? Bei welchen Gelegenheiten?

Wie lernt Ihr Kind am besten?
- Was haben Sie beobachtet?
- Was macht Ihr Kind, wenn es sich etwas einprägen will?

- Gibt es eine bevorzugte Vorgehensweise? (Lernstrategien, Lerntechniken)
- Was glauben Sie, hilft Ihrem Kind, die deutsche Sprache weiter zu lernen?
- Welche Lernaktivitäten machen ihm Spaß?
- (bei Folgegesprächen) Wie macht das Kind normalerweise seine Hausaufgaben? (Wörterbuchbenutzung? Nachschlagen im Internet? Fragt es andere Personen?)

Was können Sie mir über das Leseverhalten Ihres Kindes erzählen?
- Hat das Kind eigene Bücher/Sachbücher? In welcher Sprache?
- Geht es in die Bücherei? Wie oft?
- Lesen Sie dem Kind vor? Wie oft? In welcher Sprache?

Was können Sie mir über Mediennutzung Ihres Kindes erzählen?
- Welche Fernsehsendungen sieht sich Ihr Kind an?
- Benutzt es das Internet? Welche Internetseiten?
- Interessiert es sich für Computerspiele? Welche?
- Chattet Ihr Kind? Mit wem?
- Hört sich Ihr Kind Audio-CDs an? Welche? Wie oft? In welcher Sprache?

Wie unterstützen Sie Ihr Kind?
- bei den Hausaufgaben
- beim Deutscherwerb
- bei Freizeitaktivitäten

Solche (modifizierte) Befragungen sollten nach Möglichkeit jedes halbe Jahr, z. B. zum Schuljahresanfang und in der zweiten Schuljahreshälfte, durchgeführt werden. In den Folgegesprächen sollten vor allem Veränderungen im Familienleben oder im Leben des Kindes fokussiert werden.

Literatur

AHRENHOLZ, BERNT (Hrsg.) (2006): Kinder mit Migrationshintergrund – Spracherwerb und Fördermöglichkeiten. Fillibach: Freiburg i. Br.

APELTAUER, ERNST (2004): Sprachliche Frühförderung von zweisprachig aufwachsenden türkischen Kindern im Vorschulbereich: Zwischenbericht über die Kieler Modellgruppe (März 2003 bis April 2004). In: Flensburger Papiere zur Mehrsprachigkeit und Kulturenvielfalt im Unterricht, Sonderheft Nr. 1.

APELTAUER, ERNST (2007 a): Das Kieler Modell: Sprachliche Frühförderung von Kindern mit Migrationshintergrund. In: AHRENHOLZ, BERNT (Hrsg.) (2007): Deutsch als Zweitsprache: Voraussetzungen und Konzepte für die Förderung von Kindern und Jugendlichen mit Migrationshintergrund. Fillibach: Freiburg i. Br., S. 91–113.

APELTAUER, ERNST (2007 b): Grundlagen vorschulischer Sprachförderung. In: Flensburger Papiere zur Mehrsprachigkeit und Kulturenvielfalt im Unterricht, Sonderheft 4 [darin: S. 101 ff. Wörterbücher].

ASHER, JAMES (1977): Learning Another Language Through Actions, The Complete Teachers Guidebook. Los Gatos/CA (Sky Oak Productions).

AUTORENGRUPPE BILDUNGSBERICHTERSTATTUNG (2008): Bildung in Deutschland 2008: Ein indikatorengestützter Bericht mit einer Analyse zu Übergängen im Anschluss an den Sekundarbereich I. http://www.bildungsbericht.de/daten/liste_gesamt2008.pdf (letzter Zugriff 19.03.2010).

BARUCKI, HEIDI/BECK, ROSEMARIE (2002): Meine Sprachenmappe: ein Sprachenportfolio für jede Altersgruppe; Materialien für den Einsatz in der Grundschule. Wissenschaft & Technik Verlag: Berlin.

BAUR, RUPPRECHT S./MEDER, GREGOR (1989): Die Rolle der Muttersprache bei der schulischen Sozialisation ausländischer Kinder. In: Diskussion Deutsch, 1989/20/106, S. 119–135.

BUNDESAMT FÜR MIGRATION UND FLÜCHTLINGE (2007): Migrationsbericht des Bundesamtes für Migration und Flüchtlinge im Auftrag der Bundesregierung. Migrationsbericht 2008. http://www.bamf.de → Migration → Migrationsberichte (letzter Zugriff am 19.03.2010).

CUMMINS, JIM (1982): Die Schwellenniveau- und die Interdependenz-Hypothese: Erklärungen zum Erfolg zweisprachiger Erziehung. In: SWIFT, JAMES (1982), S. 34–43.

Fix, Ulla/Barth, Dagmar/Beyer, Franziska (2000): Sprachbiographien: Sprache und Sprachgebrauch vor und nach der Wende von 1989 im Erinnern und Erleben von Zeitzeugen aus der DDR; Inhalte und Analysen narrativ-diskursiver Interviews. Peter Lang: Bern u. a.

Franceschini, Rita (2004): Sprachbiographien: das Basel-Prag-Projekt (BPP) und einige mögliche Generalisierungen bezüglich Emotion und Spracherwerb. In: Franceschini/Miecznikowski (2004), S. 121–145.

Franceschini, Rita/Miecznikowski, Johanna (Hrsg.) (2004): Leben mit mehreren Sprachen = Vivre avec plusieurs langues: Sprachbiographien. Peter Lang: Bern u. a.

Fuchs-Heinritz, Werner (2005): Biographische Forschung: eine Einführung in Praxis und Methoden. 3. überarb. Aufl.. Verlag für Sozialwissenschaften: Wiesbaden.

Hein-Khatib, Simone (2007): Mehrsprachigkeit und Biographie: zum Sprach-Erleben der Schriftsteller Peter Weiss und Georges-Arthur Goldschmidt. Narr: Tübingen.

Hummrich, Merle (2009): Bildungserfolg und Migration: Biografien junger Frauen in der Einwanderungsgesellschaft. 2. überarb. Aufl. Verlag für Sozialwissenschaften: Wiesbaden.

Jeuk, Stefan (2003): Erste Schritte in der Zweitsprache Deutsch: Eine empirische Untersuchung zum Zweitspracherwerb türkischer Migrantenkinder in Kindertageseinrichtungen. Fillibach: Freiburg i. Br.

Kanbıçak, Türkân (2008): Der selbst eingeleitete biografische Ausnahmezustand: Illegale auf dem Weg zur aufenthaltsrechtlichen Legalisierung. Verlag für Sozialwissenschaften: Wiesbaden.

Koller, Hans-Christoph/Kokemohr, Rainer/Richter, Rainer (Hrsg.) (2003): „Ich habe Pläne, aber das ist verdammt hart". Eine Fallstudie zu biographischen Bildungsprozessen afrikanischer Migranten in Deutschland. Waxmann: Münster u. a.

Krumm, Hans-Jürgen/Jenkins, Eva-Maria (2001): Kinder und ihre Sprachen – lebendige Mehrsprachigkeit: Sprachenportraits gesammelt und kommentiert. eviva: Wien.

Legutke, Michael/Lortz, Wiltrud (2006): Mein Sprachenportfolio. Diesterweg: Frankfurt/M.

Meng, Katharina (2001): Russlanddeutsche Sprachbiographien: Untersuchungen zur sprachlichen Integration von Aussiedlerfamilien. Narr: Tübingen.

Meng, Katharina (2004): Russlanddeutsche Sprachbiographien – Rückblick auf ein Projekt. In: Franceschini, Rita/Miecznikowski, Johanna (Hrsg.) (2004), S. 97–117.

Miecznikowski, Johanna (2004): Sprachbiographische Interviews im Vergleich: Anfangspunkte des Erwerbs von Zweitsprachen. In: Franceschini, Rita/Miecznikowski, Johanna (2004), S. 187–209.

Naiman, Neil/Fröhlich, Maria/Stern, Hans Heinrich/Todesco, Angie (1978): The good language learner: a report. Toronto: Ontario Inst. for Studies in Education.

Oomen-Welke, Ingelore (2006): „Meine Sprachen und ich". Inspiration aus der Portfolio-Arbeit für DaZ in Vorbereitungsklasse und Kindergarten. In: Ahrenholz, Bernt (2006), S. 115–131.

Pochmann, Christine (2008): Sprachbiographien in Finkenwerder: zum variativen Sprachgebrauch von Hoch- und Niederdeutsch. Verlag Dr. Müller: Saarbrücken.

Pregel, Dietrich/Rickheit, Gert (1987): Der Wortschatz im Grundschulalter. Häufigkeitswörterbuch zum verbalen, substantivischen und adjektivischen Wortgebrauch. Georg Olms Verlag: Hildesheim u. a.

Rubin, Joan (1975): What the „Good Language Learner" can teach us. In: TESOL Quarterly, 9 (1), (Mar., 1975), S. 41–51.

Schmidt-Bernhardt, Angela (2008): Jugendliche Spätaussiedlerinnen: Bildungserfolg im Verborgenen. Tectum Verlag: Marburg.

Schweizerische Konferenz der Kantonalen Erziehungsdirektoren (2008): Portfolio: europäisches Sprachenportfolio für 4- bis 7-jährige Kinder; erste Schritte zum europäischen Sprachenportfolio ESP 1. Schulverlag: Bern.

Senyildiz, Anastasia (2010): Wenn Kinder mit Eltern gemeinsam Deutsch lernen. Soziokulturell orientierte Fallstudien zur Entwicklung erst- und zweitsprachlicher Kompetenzen bei russischsprachigen Vorschulkindern. Stauffenburg: Tübingen.

Spohn, Margret (2002): Türkische Männer in Deutschland: Familie und Identität; Migranten der ersten Generation erzählen ihre Geschichte. Transcript Verlag: Bielefeld.

Swift, James (Hrsg.) (1982): Bilinguale und multikulturelle Erziehung. Königshausen & Neumann: Würzburg.

Wenden, Anita (1991): Learner strategies for learner autonomy: planning and implementing learner training for language learners. Prentice Hall: New York u. a.